ICH SCHAFFE ES!!!

Hinweis

Die Autorin dieses Buches gibt weder medizinische Ratschläge noch empfiehlt sie den Gebrauch irgendwelcher Techniken zur Behandlung physischer oder psychischer Probleme. Ihre Absicht ist lediglich, generelle Informationen zur Verfügung zu stellen, um Sie bei Ihrer Suche nach emotionalem und geistigem Wohlbefinden zu unterstützen. Jede Anwendung dieser Informationen geschieht auf eigene Verantwortung, weder die Autorin noch der Verlag übernehmen eine Haftung.

Angelika Trescher

Ich schaffe es!!!

www.Siva-Natara-Verlag.de

Gedruckt in Deutschland

ISBN 3-930403-30-7

Titelseite: Hanah Fischer (13 Jahre)
Bilder: Andrea Knopp

Kontakt:
www.angelika-trescher.de
E-Mail: info@angelika-trescher.de

Inhaltsverzeichnis

Vorwort   7

Danksagung   9

1. Kapitel: Der Umbruch   11

2. Kapitel: Warum im Moment alles hochkommt   19

3. Kapitel: Warum muss erst ich mich verändern?   27

4. Kapitel: Wie kann ich mein Immunsystem stärken?   37

5. Kapitel: Säure-Basen-Haushalt,
             Trinkwasser und Elektrosmog   47

6. Kapitel: Krankheiten   61

7. Kapitel: Bachblüten   69

8. Kapitel: Heilsteine   77

9. Kapitel: Feng Shui   85

10. Kapitel: Sunrider   95

11. Kapitel: Farben und Düfte   103

12. Kapitel: Engel, LichtWesen und andere Hilfen
             aus der geistigen Welt   111

Nachwort   117

Buchempfehlungen   121

Die Welt hat Rätsel,
aber sie hat ebenso viele Lösungen,
hundertmal schöner als ein Rätsel.

(Martin Liechti)

Vorwort

Mit diesem Buch möchte ich Menschen ansprechen, die auf der Suche nach neuen Wegen sind. Meine Anstöße sollten als Anfang für eine andere Sichtweise des Lebens gesehen werden.

Zur Zeit befindet sich die gesamte Menschheit im Umbruch. Wir sollten in dieser Zeit lernen, alte Denkstrukturen und vermeintliche Sicherheiten, hauptsächlich im materiellen Bereich, loszulassen.

Da das Wassermann-Zeitalter ebenso Emotionen zum Fließen bringt, bedeutet dies für uns nicht nur unsere wahren Gefühle zu zeigen, sondern sie auch zu leben.

In diesem neuen Zeitalter werden wir vermehrt neue Spielregeln des Lebens lernen müssen. Immer häufiger begegnen uns in dieser Zeit Begriffe wie „feinstoffliche Schwingungen", „energetisch", „Karma" usw ...

Unter anderem werden z. B. Bachblüten, Homöopathie, Sunrider (Nahrung auf Kräuterbasis nach der traditionellen chinesischen Lehre der „Fünf Elemente"), Kinesiologie,

Heilsteine, Engelsessenzen, Farben, Düfte, Musik oder Feng Shui verstärkt angeboten und in viele Behandlungsmethoden mit einbezogen.

Die meisten Menschen durchleben im Moment große Ängste, Krankheiten, Krisen in der Partnerschaft oder auf finanzieller Ebene.
Da sich für jeden Menschen andere Fragen und Schwierigkeiten ergeben, muss auch jeder für sich seine eigene Lösung suchen.

Sicherlich gibt es in meinem Buch einige Passagen, die manch einem Leser zweifelhaft erscheinen. Auch hier gilt wie fast überall, je mehr wir ausprobieren, desto mehr Erfahrungen und Vergleichsmöglichkeiten haben wir.
Da alle in diesem Buch beschriebenen Methoden dasselbe Ziel haben, **Körper, Geist und Seele als Ganzes zu erleben**, lassen sich manchmal Wiederholungen nicht vermeiden. Des Weiteren prägen sich neue Dinge durch mehrmaliges Lesen besser ein.

Danksagungen

Danke möchte ich auf diesem Weg meiner **Familie** sagen, die immer hinter mir steht. Kamen auch manchmal Zweifel an meiner Einstellung und „Lebensweise" auf, gelang es uns immer, diese gemeinsam auszuräumen.

Danke auch an alle Menschen, die mein Leben geprägt haben. In erster Linie meinen **Eltern**, meiner besten Freundin, **Jutta Bötsch-Lender**, durch die ich zu **Jürgen Lubig** kam, der mir durch seine Meta-Kinesiologie eine andere Denkweise ermöglichte, **Cornelius Wucher** und **Martin Steurer**, die mir die chinesische Lebensphilosophie nicht nur nahe brachten, sondern diese auch mit Leib und Seele leben. **Heinz Elter**, dem es gelang, mich für den Säure-Basen-Haushalt und Elektrosmog zu interessieren und **Luci Köping**, die immer an mich geglaubt und mir oft durch ihre offene und herzliche Art weitergeholfen hat.

Danke an alle **Freunde** und **Kunden**, die mir halfen, meine Theorie auch in die Praxis umzusetzen, an meinen Verleger **Dieter Schmitt**, der mich unterstützt und bestärkt hat, an meine „kleine Freundin" **Hanah Fischer**, durch deren ausdrucksstarkes Titelbild das Buch enorm aufgewertet wurde, und an **Andrea Knopp**, die dieses Buch mit ihren spirituellen Zeichnungen verschönt und aufgelockert hat.

1. Kapitel

Solange man nur das verbessert,
was bereits getan wurde,
wird es keinen Fortschritt geben,
sondern nur dann, wenn man danach strebt,
was noch nicht getan wurde.

(Khalil Gibran)

Der Umbruch

Wir befinden uns nun im Wassermannzeitalter, dessen Auswirkungen seit der Jahrtausendwende deutlicher denn je zu spüren sind. Dies bedeutet für uns: Gefühle, Ängste, alte Erlebnisse, Glaubenssätze, die uns geprägt haben, und verdrängte Traumas drängen nach oben. Diese müssen nun ausgelebt und aufgelöst anstatt verdrängt werden. Die Kommunikation untereinander muss wieder erlernt werden. Nur wer sich selber erkennt, über seine Gefühle und Ängste spricht, kann erwarten, dass andere Menschen ihn auch verstehen. Niemand kann die Gefühle, Gedanken und Wünsche anderer Menschen erraten. Nur wenn ich meinen

Mitmenschen deutlich sage, was ich möchte und was nicht, ist eine faire Kommunikation und ein gutes Zusammenleben möglich.

Schwerpunkte im sogenannten „Neuen Jahrtausend" werden unter anderem Offenheit und Ehrlichkeit sein. Natürlich ist es nicht immer einfach und leicht, dies zu leben. Erst wenn wir gelernt haben, dass jeder Mensch einmalig in seinen Gedanken und Gefühlen ist und dies auch akzeptieren, obwohl wir anders denken, sind wir einen Schritt weiter. Man muss nicht mit allem und jedem einer Meinung sein, auch lieben müssen wir nicht jeden, doch sollten wir jeden einzelnen Menschen so wie er ist achten und akzeptieren.

Dies würde im Großen betrachtet bedeuten: keiner würde dem anderen vorschreiben, wie er sein sollte. Jeder könnte die Religion, das Aussehen und vor allen Dingen die Lebensweise des anderen annehmen und akzeptieren. Fängt jeder bei sich selbst damit an, werden wir schnell eine andere Welt und dadurch eine andere Lebensqualität erreichen. Es würde keinen Neid, keinen Hass, keine Eifersucht und keine Straftaten mehr geben. Die weitere logische Folgerung wäre: wer Menschen achtet, achtet auch die Tiere und unsere Natur.

Dies ist ein weiterer wichtiger Aspekt für eine friedlichere Welt. Tiere haben genauso Gefühle, Ängste und Bedürfnisse wie wir Menschen. Sie haben genauso das Recht auf liebevolle Behandlung wie die gesamte Natur.

Durch die Quanten-Physik ist heute bewiesen, dass der ganze Kosmos zusammenhängt. Alles ist Energie und Schwingung. Jeder ist mit jedem verbunden und profitiert vom anderen. Erst wenn es dem Einzelnen gut geht, geht es uns allen gut. Schon Jesus sagte: „Was du dem geringsten meiner Brüder angetan hast, hast Du mir angetan." Darum hilft es uns auch nicht langfristig, die Augen vor allem zu verschließen und zu sagen: „Ich kann ja eh nichts ändern", „es geht mich nichts an", oder „ich habe ja nichts gemacht".

Deshalb noch einmal in aller Deutlichkeit: „Jeder kann in der Situation, in der er sich befindet, etwas verändern. Dabei spielt es keine Rolle, ob man Putzfrau oder Direktor ist! Mensch ist Mensch, ganz gleich welchen Titel er trägt, welchen Beruf er ausübt oder welcher Hautfarbe er angehört. Wir müssen endlich aufhören, Menschen als was Besseres anzusehen, nur weil sie reicher oder berühmter sind." Noch schlimmer finde ich es persönlich, wenn wir uns vor Vorgesetzten wie z. B. Chefs, Politiker, Direktoren oder Doktoren usw..., wie kleine, dumme Wesen benehmen und nur kuschen.

Meine langjährige Erfahrung hat mir gezeigt, dass jeder nur durch eine ehrliche, sachliche und faire Art der Kommunikation weiterkommt. Wenn die Mehrzahl von uns ihren Mitmenschen von Angesicht zu Angesicht zustimmt und hintenherum wieder verteufelt, ist damit niemandem geholfen.
Bleiben wir bei diesem Beispiel und der Devise: „Jeder Mensch ist ein Mensch und jeder ist gleich wertvoll und gleich wichtig." Natürlich macht jeder etwas anderes aus seinem Leben; füllt einen anderen Platz auf dieser Welt aus.

Was wäre ein Chef ohne seine Mitarbeiter? Was wäre ein Team ohne Putzfrau, eine Fabrik ohne Arbeiter usw...?

Titel und Geld allein machen keinen Menschen menschlicher, sondern der Charakter und die Art, wie man mit seinem Gegenüber umgeht.

Deshalb mein Rat: „Fülle deinen Platz auf dem du gerade stehst, immer so gut aus wie du kannst." Sage dir immer: „Ich gebe mein Bestes! Und dies kann nicht jeden Tag gleich und hundert Prozent sein. Aber mehr als mein Bestes kann ich nicht geben." Bemerkt man, dass die Arbeit oder gewisse Aufgaben einen nicht mehr ausfüllen, muss man sich eben verändern, andere Dinge erlernen - eben eine andere Situation schaffen.

Auch hier hilft wieder Ehrlichkeit sich selbst gegenüber. Wichtig ist dabei, dass man sich sachlich mit allen Problemen auseinander setzt. Aber man sollte auch realisieren, dass es keinen hundertprozentig perfekten Job, Partner, Nachbarn oder was auch immer gibt. Es wird immer Dinge geben, die einem nicht gefallen.

Zu entscheiden, welche Dinge man verändern kann und welche nicht, ist der nächste Schritt. Es gibt gewisse Regeln im Leben, die wichtig sind, ob sie uns gefallen oder nicht. Als Beispiel nehme ich die Erwartungshaltung:
Fahre ich mit dem Auto auf der rechten Spur, erwarte ich von dem Entgegenkommenden, dass er links bleibt. Diese Erwartung ist lebenswichtig. Anders sieht es mit der Lebensansicht aus, hier kann man nicht erwarten, dass unsere persönliche Meinung über Erziehung, Essen oder Politik von jedem uneingeschränkt akzeptiert wird. Dies wäre eine

verkehrte Erwartungshaltung.

Früher konnte ich nie glauben, dass jeder für sein Schicksal selbst verantwortlich ist. Ich haderte oft mit Gott, weil er nie da war, wenn ich Hilfe brauchte. Ich begriff erst nach langen Jahren, dass Gott, Engel oder wie man auch immer diese Kräfte nennen mag, immer da sind und ein Zeichen setzen. Nur liegt es an einem selbst, diese Zeichen zu erkennen.

Oft wollen wir sie gar nicht hören und verschließen die Augen, da die Problemlösung nicht so ausfällt, wie unser Verstand es gerne hätte. Oft müsste man nur ein klein wenig umdenken und lernen, zu verzeihen oder sogar über seinen eigenen Schatten springen, um den ersten Schritt zu machen.

Leider ist unser Ego oft stärker als unsere innere Stimme, aber auch das ist menschlich. Nur wenn man anfängt, auf seine innere Stimme zu hören, kann man die oft so ersehnten Zeichen erkennen. Diese Erfahrung wurde mir schon von vielen meiner Kunden bestätigt. Wenn man um Hilfe bittet, wird sie einem auch gewährt. Je mehr man sich öffnet und mit kindlichem Vertrauen „Bestellungen ins Universum" sendet, desto schneller und präziser werden sie geliefert. Probieren Sie es doch einfach mal aus. Wer sich tiefer mit diesem Thema beschäftigen möchte, kann die Bücher von Frau Bärbel Mohr lesen. Alle ihre Bücher sind witzig und leicht zu lesen.

Früher hatten die Menschen den Glauben, dass Gott für sie da ist und schützend seine Hand über jeden hält. Heute fehlt den meisten Menschen oft schon der Glaube an sich selbst. Man weiß heute, dass die Gedanken unser Leben steuern. Wenn ich ständig glaube, das Leben und die Welt ist schlecht, wird es auch so kommen.

Wer hingegen glaubt, dass im Leben Gesundheit und Zufriedenheit normal sind, wird mit Sicherheit auch ein erfülltes Leben führen.

Wie steht es schon in der Bibel:

„Alles ist möglich dem, der glaubt."
(Markus 9,23)

2. Kapitel

Die wahre Lebenskunst besteht darin,
im Alltäglichen das Wunderbare zu sehen.

(Pearl S. Buck)

Warum im Moment alles hochkommt

Warum empfinden die meisten Menschen die heutige Zeit, trotz relativen Reichtums, immer erschreckender? Fast jeder von uns hat zu Essen, ein Dach über dem Kopf, ein Auto und kann sich ab und zu noch einen Urlaub oder sonstigen Luxus leisten. Und dennoch wird die Unzufriedenheit bei den meisten immer größer.

Viele haben Angst vor der Zukunft, vor Krankheiten oder Naturkatastrophen. Selbst unsere Kinder bleiben von Stress, Ängsten und Aggressionen nicht verschont. Verhaltens- oder Lernstörungen in der Schule, ADD/ADS (Aufmerksamkeitsstörung), Hyperaktivität, Legasthenie, Überempfindlichkeit gegenüber Nahrungsmitteln oder Allergien treten immer öfter auf.

Schon Kleinkinder werden heute mit Cortison oder Psychopharmaka behandelt. Ritalin ist an der Tagesordnung, um so genannte hyperaktive Kinder ruhig zu stellen. Die Wenigsten versuchen die Ursache für diese Verhaltensauffälligkeiten bei diesen Kindern herauszufinden. Die Hilfe muss schnell gehen und darf nichts kosten, so die allgemeine Einstellung. Dafür haben wir ja die Krankenkasse und den Freibetrag für Kinder. „Wir zahlen ja schließlich auch genug ein", höre ich immer wieder von meinen Kunden.

Auf einem Vortrag sagte ein Therapeut knallhart vor allen Anwesenden: „Kinder unter sechs Jahren behandelt er nicht, sondern nur deren Eltern." Es war nicht böse und vor allen Dingen nicht als Anklage gemeint, sondern sollte uns nur aufrütteln. Wie kann ein Kind ruhig sein, wenn die Eltern vor lauter Stress und Hektik nicht mehr aus noch ein wissen? Er erklärte uns auch, dass die Kinder nur das Spiegelbild ihrer Eltern und näheren Umgebung sind. Die Ursache der meisten Krankheiten liegt also nicht im Kind, sondern an der allgemeinen Situation. Sobald sich dort etwas verändert, wird auch das Kind in den meisten Fällen gesund. Deshalb sollte man auch öfters mit Bachblüten, Steinen oder Homöopathie unterstützend arbeiten. Kinder reagieren häufig wesentlich intensiver auf diese feinstofflichen Energien.

Schauen wir uns nun einmal das Leben der meisten Eltern – der heutigen Eltern (Großeltern) – an:
Nach dem 2. Weltkrieg, als die meisten Menschen ihr Hab

und Gut verloren hatten und praktisch mit nichts wieder-anfangen mussten, hatte die Materie eine ganz andere Be-deutung als heute. Die Menschen hatten damals auch eine ganz andere Aufgabe. Armut, Ängste und Verluste hatten sie zusammengeschweißt. Man war dankbar, selten nei-disch und erlebte nach der schweren Zeit einen ganz be-sonderen Gemeinschaftssinn.

Wie immer in der Weltgeschichte hat alles zwei Seiten. In der Armut ist der Mensch auch für kleine Dinge dank-bar und vor allem lernt er in dieser Zeit mit weniger zu-frieden zu sein. Aber je besser die Zeiten wurden, desto unzufriedener wurde der Mensch. Materie z. B. Häuser und Luxus zu erreichen, bedeutete für viele täglich zwölf Stunden und noch mehr zu arbeiten.

Im Laufe der Zeit stellten sich durch den wachsenden Stress auch zusätzliche seelische Probleme – und dadurch mehr Krankheiten – ein. In der Zeit nach dem Krieg, den sechziger und siebziger Jahren, halfen viele Medikamente noch einigermaßen gut. Damals gab es auch noch den al-ten Hausarzt, der sich Zeit nahm, meistens die Familie mit ihren Stärken und Schwächen kannte, und mit altbewähr-ten Hausmitteln arbeitete. Da der menschliche Körper da-mals weniger Umweltgiften und chemischen Nahrungs-mittelzusätzen ausgesetzt war, reagierte er besser auf phar-mazeutische Produkte. Meistens heilte auch schon der Händedruck, das Lächeln und die Zeit, die sich der Haus-arzt damals noch beim Krankenbesuch nahm, mehr als das Medikament.

Betrachten wir hingegen die heutige Zeit, die Zeit der Eltern, sieht einiges anders aus. Viele Menschen sind sensibler, der Puls der Erde schlägt schneller und es kommt uns vor, als ob die Zeit wie im Flug vergeht. Wir werden von allen Seiten mit Informationen überhäuft: Fernsehen, Zeitungen/Zeitschriften und Magazinen bis hin zum Internet. Innerhalb kurzer Zeit erhält man alle weltweiten Nachrichten, die im Augenblick aktuell sind. Krieg, Bombenanschlag, Mord, Misshandlung, Unfall, Entführung, Umweltkatastrophen, Krankheiten und Skandale ohne Ende. Mit anderen Worten, alle negativen Schlagzeilen werden uns täglich und schnellstens via Satellit und Internet frei Haus geliefert.

Man sollte sich einmal vor Augen führen, was diese negativen Einflüsse in der heutigen Zeit für uns Menschen bedeuten. Wer kennt das nicht, früh morgens weckt uns der Radiowecker mit meist unerfreulichen Neuigkeiten, das Frühstück wird schnell hineingeschlungen, auf dem Weg zur Arbeit wieder mal Stau und Auspuffgase. Endlich am Arbeitsplatz angekommen sitzen wir die meiste Zeit, teilweise vor dem Computer und womöglich noch mit künstlichem Licht. Dazu kommt dann oft noch Ärger und Stress mit dem Chef, Kollegen oder Kunden. Zum Mittagessen gibt es etwas aus der Mikrowelle oder Fast Food – was meistens ungesund ist.

Das nächste Problem ist, dass die meisten Menschen heutzutage ungern auf die Arbeit gehen. Fragen Sie doch mal in Ihrem Bekanntenkreis nach. Sie werden überrascht sein. Leider ist in vielen Betrieben heute keine Zeit mehr für ein zwischenmenschliches Gespräch. Zu einem guten Arbeitsklima gehört auch das lockere und vor allen Dingen private Gespräch untereinander. Dadurch lernt man auch den Kollegen menschlich kennen. Man tauscht sich aus, erfährt von seinen Fehlern und Schwächen und baut dadurch ein anderes Verhältnis untereinander auf. Man spricht auch leichter über seinen Ärger am Arbeitsplatz und kann dadurch Probleme schon am Ansatz erkennen und ausrotten.

Es gibt immer mehr Arbeit, jedoch mit immer weniger Personal. Dies ist eine Milchmädchenrechnung und kann deshalb nur eine kurze Zeit, meistens auf Kosten der Mitarbeiter, gut gehen. Doch irgendwann ist der Punkt, an dem einem alles über den Kopf wächst, erreicht. So kommt man als Elternteil schon gestresst von der Arbeit nach Hause. Man hat den Ärger vom Tag noch nicht verdaut, musste sich vielleicht vom Chef anhören wie schlecht die Auftragslage sei und deshalb kein Geld für weitere Arbeitskräfte vorhanden ist. Innerlich kochend erträgt man Tag für Tag den immer größer werdenden Druck, das schlechte Arbeitsklima und die Arbeit, die mittlerweile keinem mehr Spaß macht.

Früher war es auch normal, 40 Jahre im selben Betrieb zu arbeiten. Wechseln wurde oft als nicht beständig angesehen. Heute ist es durch die vielen Veränderungen und Schließungen der Betriebe ganz normal, sich beruflich zu verändern. Öfter muss die Arbeitsstelle gewechselt oder sogar ein neuer Beruf erlernt werden.

Sinnvoll wäre es für uns alle, einmal genau zu betrachten, für was wir alles Geld verdienen müssen. Zum Beispiel für Kleider, die wir manchmal gar nicht brauchen und oftmals auch nur einige Male anziehen; für ein zweites Auto, ein großes Haus, Urlaub in der Ferne, der uns oft nur Stress und Durchfall einbringt; auch für so manchen Kram, der nur Staub fängt, erst im Keller und später doch im Sperrmüll oder auf dem Flohmarkt landet.

Diese Liste ließe sich noch endlos weiter führen. Solche Käufe kennt jeder von uns. Meistens waren sie auch wichtig, sei es um sich zu belohnen, oder weil man das Geld für solche Sachen locker hatte.

Viele Familien müssen heute feststellen, dass die Kaufkraft des Euro immer weniger wird. Da es auch immer mehr Arbeitslose gibt, werden bei der Durchschnittsfamilie auch nur die Belastungen und selten das Einkommen größer. Jeder, der realistisch denkt, wird erkennen, dass er an seiner aktuellen Lebensweise etwas ändern muss. Auch hier gibt es wieder zwei Möglichkeiten. Entweder muss mehr verdient werden, oder man passt seinen Lebensstandard seiner neuen Situation an.

All diese Dinge prasseln im Moment verstärkt auf uns ein. Die Krankheiten kommen immer häufiger, stärker und können immer seltener völlig auskuriert werden, obwohl die Medizin und die Technik immer besser und leistungfähiger werden. Der Wohlstand wächst bei vielen. Kurz gesagt, wir erreichen mehr und mehr in der Materie im Außen und verarmen im Gegenzug immer mehr im

Inneren – unserer Seele. Trotz Wohlstand und Technik werden viele Menschen immer einsamer, kränklicher und vor allem immer gefühlsarmer.

3. Kapitel

Jeder möchte die Welt verbessern
und jeder könnte es auch,
wenn er nur bei sich selber anfangen wollte.

(Karl Heinrich Waggerl)

Warum muss erst ich mich verändern?

Jeder Mensch sollte zuerst bei sich selbst anfangen etwas zu verändern. Wir können niemanden verändern, keinem anderen etwas abnehmen und auch für keinen anderen entscheiden – kleine Kinder ausgenommen. Jeder denkt, der andere ist der Böse, der Lügner oder der Schlechte. Eigentlich ist es auch normal, denn wir sind ja von unserer Einstellung überzeugt, sonst würden wir sie nicht leben. Immer wieder versuchen wir unseren Partner, unsere Kinder, Nachbarn, Arbeitskollegen und Freunde unbewusst zu verändern bzw. nach unserem Bild zurecht zu biegen. Die Frage ist nur, wessen Bild entspricht der Wirklichkeit? Alles ist relativ, jeder hat eine andere Ansicht. Der Eskimo z. B. behauptet + 20° C ist heiß, der Afrikaner empfindet es als kalt und dem Europäer ist diese Temperatur angenehm. Drei verschiedene Ansichten, aber alle drei haben von ihrer Sicht aus Recht. Weil alle Empfindungen individuell sind, sollte man nie versuchen, jemandem seine Meinung aufzuzwingen. Jeder hat das Recht, seine eigenen Lebenserfahrungen mit allen Höhen und Tiefen zu erleben.

Das Wassermannzeitalter bedeutet auch Kommunikation. Wir müssen wieder lernen miteinander zu sprechen, unsere Gefühle mitzuteilen, ehrlich miteinander umzugehen, auch wenn es am Anfang schwer erscheint und nicht auf Anhieb klappt. Nur durch das „Miteinander Sprechen" räume ich Missverständnisse aus der Welt und kann den anderen die Chance geben, mich zu verstehen und dadurch besser kennenzulernen.

Wir müssen versuchen, uns dem Neuen ohne Bewertung und Beurteilung zu öffnen. Am besten finde ich persönlich, sich mit Büchern auf das „Neue Zeitalter" einzustimmen.

Es gibt sehr viele gute Lektüre darüber. Mein Vorschlag: Einfach in eine gute Buchhandlung gehen, verschiedene Bücher in die Hand nehmen und sich vom Gefühl leiten lassen. Man liest immer das aus einem Buch heraus, mit dem man in Resonanz ist. Bücher sollten jedoch nur als ein Einstieg oder eine Hilfestellung angesehen werden, denn der Inhalt eines Buches entspricht der momentanen Wahrheit des Autors. Man sollte sich deswegen nur wirklich das zu Herzen nehmen und anwenden, was einen anspricht. Wenn man Bücher ein oder zwei Jahre später erneut liest, stellt man fest, dass man sie jedesmal anders versteht.

Nach den Büchern kommen meistens Seminare und Vorträge, in denen man gleichgesinnte Menschen trifft. Durch Informationen neugierig geworden, geht man in kleinen Schritten in die erste Versuchsphase. Sollte es manchmal nicht so richtig klappen, liegt es meistens daran, dass man sich selber noch nicht traut. „Das kleine Buch vom glücklichen Leben" vom Bio Ritter Verlag ist schön zu lesen und sehr lehrreich, oder „Hilf Dir selbst sonst hilft Dir keiner" etc... Dies sind nur zwei Titel, die ich empfehlen kann. Einige Bücher, die meine persönliche Entwicklung förderten, stelle ich am Ende des Buches noch vor.

Prinzipiell sollten wir mit den überall auftauchenden Informationen kritisch umgehen. Jeder muss für sich herausfinden, was ihn anspricht und umsetzbar ist. Eines darf aber aus allem nicht entstehen, nämlich Fanatismus. Es gibt viele gute Sachen, die den einen ansprechen und den anderen abstoßen. Trotzdem ist das Eine nicht gut und das Andere deswegen nicht schlecht.

Wenn jeder einige Dinge beachtet, wie z. B. seine Wahrheit immer nur für sich herausfindet und lebt (aus eigener Erfahrung weiss ich, dass es manchmal schwer fällt), nicht missioniert, sondern nur den anderen darauf aufmerksam macht und ihn trotzdem selbst entscheiden lässt, ob und wie er eine Veränderung akzeptiert, kommt man in kleinen Schritten vorwärts. Mein Leben hat mir gezeigt, dass es einfacher ist sich selbst zu verändern als unzählige Versuche zu starten den anderen umzukrempeln.

Auch die Menschen, mit denen ich zusammenarbeite, berichten, dass nach ihrer Veränderung sich automatisch ihr gesamtes Umfeld einfach still und leise ebenso verändert hat. Ganz ohne Zwang und Ärger.

Man sollte versuchen, seinen eigenen Weg langsam aber stetig herauszufinden. Am Anfang ist man begeistert, erzählt voller Elan und Tatendrang, versucht auch andere zu überzeugen und merkt plötzlich, dass viele darüber lächeln oder gar entsetzt sind. Auch das gehört dazu. Oft sollte man solche Situationen auch als Bestandsaufnahme für sich selbst ansehen. Es ist natürlich einfacher, wenn unsere Mitmenschen auf unserer Seite sind. Doch dies wäre für eine Veränderung oft zu einfach.

Erst wenn wir über Monate oder Jahre hinweg trotzdem nur uns selbst leben, stellt sich ein anderes Bewusstsein ein. Hat man erst einmal angefangen, seinen Weg zu suchen, zu finden und zu gehen, werden sich die ersten Erfolge einstellen. Neugierig geworden möchte unsere Seele immer mehr. So wird jeder Tag ein Lehrgang, den man sich immer bewusster gestaltet. Es wird immer einfacher, in unseren negativen Erlebnissen auch die positive Seite des Lebens zu sehen und zu bejahen.

Ein Mensch, der sich öffnet, wird immer mehr die Sprache der Krankheiten, die Situationen, die er anzieht und das vermeintliche Negative deuten können. Und irgendwann wird auch der Schmerz, die Situation oder die Krankheit nur ein Wegweiser sein.

„Wie außen so innen, wie innen so außen." Dieser Satz

sagt schon alles. Wenn man immer nur negativ denkt, ängstlich oder deprimiert ist, wird man immer nur solche Menschen und Situationen anziehen.

Dazu ein Beispiel: In der Kindheit war es der dominante Elternteil, später der Schulkollege, dann der Chef und schließlich der Ehepartner. Immer wieder stellen wir uns dieselbe Frage: „Warum habe ich so ein Pech? Warum kreuzen immer solche Menschen meinen Weg?

Hat man erst einmal erkannt, dass es von Natur aus keine böse Menschen gibt, sondern nur Menschen, die durch ihre Erziehung oder ihre Umgebung geprägt wurden, sieht es wieder etwas anders aus. Keiner kann aus seiner Haut, bevor er nicht **bewusst** etwas ändert. **Bewusst ändern** heißt auch einmal zu hinterfragen, warum man immer die selben Probleme hat. Auch zu diesem Thema gibt es interessante Bücher.

Wenn nur jeder für sich versucht etwas zu verändern, nicht immer alles persönlich nimmt und den anderen auch anspricht, wenn er verletzt wurde, kann sich vieles ändern. Erst einmal müssen wir lernen sofort aus dem Bauch heraus zu reagieren. Vielleicht kommt es am Anfang dabei zu Überreaktionen, aber nur so haben alle die Chance, ihre Ansichten und Standpunkte zu erklären.

Wer intuitiv reagiert und lebt, wird zwar nicht immer einfach und taktvoll sein, aber immer ehrlich. Auch lernt man Dinge auszusprechen, die ein anderer hinunterschluckt und über Jahre hinweg in sich hineinfrisst. Dadurch entstehen dann Krankheiten (siehe Kapitel Krankheiten), die mehr

Schaden anrichten, als ein kurzes Streitgespräch, um eine Situation zu bereinigen.

Als nächsten Schritt müssen wir dann lernen, uns sachlich mit anderen Meinungen auseinander zu setzen. Sobald man gelernt hat, dass man jede Situation selbst verursacht, um mit ihr zu wachsen und nicht daran zerbricht, sieht es schon wieder positiver aus.

Alles im Außen ist das Spiegelbild, wie wir es im Innen sehen. An diesen Sätzen habe ich sehr lange geknabbert und konnte sie auch nur schwer verstehen. Es war für mich nicht logisch, wenn man ständig Menschen kennenlernt, die sehr dominant oder verletzend sind, dass der andere darunter leiden muss.

Oder warum bekommen Menschen, deren Eltern Alkoholiker waren, wieder einen Partner, der Alkoholprobleme hat? Warum bekommen Menschen die nach außen hin nur lieb und freundlich sind, die keiner Fliege etwas zu leide tun und überall beliebt sind, Krebs? Warum bekommt der zuverlässige, freundliche und ruhige Arbeitskollege nicht die ihm zustehende Beförderung?

Alles Fragen, die ich vor Jahren noch nicht verstand. Heute weiß ich, dass jeder Mensch selbst sein Schicksal bestimmt. Sie haben nur das gelebt, was die anderen von ihnen erwartet hatten. Sie haben nie hinterfragt, ob alles noch für sie stimmig ist, selten oder nie nein gesagt, wenn es angebracht war. Viele sind auch oft den vermeintlich einfacheren Weg gegangen; kein Streit, ja nicht auffallen; den Satz: „Was denken denn die anderen von mir?" oft im

Kopf, oder „Das war schon immer so, was soll ich denn da ändern, die anderen machen es ja auch nicht".

Ich höre nach diesem Absatz förmlich, wie der eine oder andere Leser sagt: „Die spinnt doch, so ein Unsinn, wenn alles so einfach wäre." usw...
Ich kann nur versichern, dass ich niemandem zu nahe treten möchte. Aus eigener Erfahrung weiß ich, dass Ratschläge lesen oder hören und Ratschläge umsetzen zwei Paar Stiefel sind.
Ebenso habe ich noch nie behauptet, dass dieser Weg einfach ist. Aber ich kann aus eigener Erfahrung bestätigen, dass er erlernbar ist. Man muss nicht alles von heute auf morgen verändern, mit kleinen Schritten kommt man auch ans Ziel. Doch sollte man dabei immer ehrlich zu sich selbst sein. Das Leben bedeutet immer Veränderung und Wandlung. Keine Sekunde, kein Wort und keine Tat kann man zurückholen. Was gestern war, ist vorbei. Das Heute – im Hier und Jetzt – müssen wir leben und zwar so gut wie möglich.

Dass nicht jeder Tag gleich verläuft, gehört auch zum Leben. Tage, an denen man früh am liebsten liegen bleiben möchte, sich die Decke über den Kopf ziehen will, nichts sehen und hören möchte, gehören auch dazu. Lachend und immer gut gelaunt kann kein Mensch jeden Tag sein.

Wir haben Emotionen, die wir leben müssen. Missmut und schlechte Laune kann auch mal eine Seite von einem sein. Wichtig ist, immer nur ehrlich sich selbst und den anderen gegenüber zu bleiben, zu seinen Fehlern und Schwächen stehen, vielleicht eine kurze Erklärung dem anderen gegenüber geben, sagen: „Ich habe heute keinen guten Tag, ich bin schlecht drauf, es hat aber nichts mit Ihnen zu tun." Und schon versteht der andere es besser.

Ist man in einer solchen „Tiefphase", sollte man versuchen, so schnell wie möglich aus eigener Kraft herauszukommen. Falls es nicht gelingt, kann auch alles andere zu Rate gezogen werden. Gespräche mit einer Vertrauensperson, Bücher, Musik, Bachblüten, Heilsteine oder Homöopathie - einfach das, was einen anspricht. Manchmal hilft auch ein Spaziergang, eine Massage oder ein Entspannungsbad.

Wenn man so mit Krisen umgeht, wird man sehr schnell lernen, sich selbst zu leben. Alle Situationen sollten angenommen, erkannt und ehrlich abgearbeitet werden. Jeder Mensch hat Fehler und Schwächen, die genauso zu ihm gehören, wie seine Stärken. Ohne das Eine wäre das Andere nicht möglich. Nobody is perfect. Zu seinen Schwächen zu stehen ist übrigens auch eine Stärke.

Wenn man mit sich selbst ehrlich umgeht, wird man immer mehr Menschen anziehen, die einen so akzeptieren, wie man ist. Bewertet oder urteilt man nicht über andere, wird man auch nicht mehr bewertet.
Es ist mit seinem Verhalten sowie bei einem Bumerang: alles was man aussendet – an positiven wie auch negativen

Gedanken – kommt zurück. Achtet man sich so wie man ist, achtet man auch die Mitmenschen, die Tiere und die Natur.

Irgendwo habe ich gelesen, dass das Universum nur an glücklichen Menschen interessiert ist, denn nur glückliche Menschen können auch Glück verbreiten und weitergeben.

4. Kapitel

Iss, was gar ist,
trink, was klar ist,
red, was wahr ist.

(Martin Luther)

Wie kann ich mein Immunsystem stärken?

Ist unser Immunsystem in Ordnung, können uns Viren, Infektionen, Erkältungen und sonstige Erkrankungen nichts anhaben. In der heutigen Zeit ist es nicht einfach, uns ein Solches zu „erhalten".

Stress, Ärger, Ängste, Elektrosmog, falsche Ernährung, schlechtes und vor allem zu wenig Wasser - um nur einige zu nennen - sind heute die größten Feinde unseres Immunsystems.

Stress ist in der heutigen Zeit etwas völlig normales. Positiver Stress ist wichtig und sollte auch gelebt werden, nur die schmale Gratwanderung zwischen positivem und negativem Stress ist schnell überschritten. Alles was mir Spaß macht und ohne Druck erfolgt, ist für mich positiv. Auch körperliche Kraftanstrengung und Zeitdruck sind nicht schädlich, solange die Tätigkeit Freude macht und man stolz auf seine Leistung sein kann.

Hat man jedoch jeden Tag Stress, der einen ermüdet, auslaugt und ängstlich macht, sieht die Sache schon etwas anders aus.

Jeden Tag derselbe Stau, der zunehmende Arbeitsdruck, der Chef und die Kollegen, mit denen kein auflockerndes oder privates Gespräch mehr möglich ist. Zu Hause geht es meistens weiter, entweder schauen wir Fernsehen oder müssen anderen Verpflichtungen nachkommen. Es ist wie ein Teufelskreis: Aufstehen, Arbeiten, Fernsehen, Schlafen und der Tag reicht nicht aus. Bei manch einem gibt es dazwischen noch verschiedene Hobbys, die auch nur noch selten ohne Zeitdruck ausgeführt werden können.

Nur eines haben die meisten von uns nicht mehr: Zeit um sich auszuruhen, einfach nichts zu tun oder nur das, wozu sie im Moment Lust haben. Ein aufheiterndes Gespräch führen, spontan einen Kurzurlaub oder eine Tageswanderung planen. All das würde nämlich unseren angestauten Stress zumindest teilweise abbauen.

Natürlich ist es manchmal schwer, sich aus dem Alltagstrott auszuklinken, aber wo ein Wille ist, ist auch ein Weg. Solange man sich mindestens jeden Tag eine Stunde gönnt, in der man nur das unternimmt, was einem Spaß macht, wird man damit sein Immunsystem stärken können. Stress ist erst dann schädlich, wenn die persönliche Anpassungsfähigkeit überschritten ist, da uns überwiegend der permanente Stress belastet.

Ärger ist unser zweitgrößter Feind. Man erschrickt, wenn man sich einmal wirklich bewusst wird, über was man sich den ganzen Tag ärgert. Zum Beispiel früh morgens beim Klingeln des Weckers, wenn der Kaffee zu heiß ist, die Eier zu weich, die Kinder sich streiten, das Wetter schlecht ist, der langsame Autofahrer vor einem und über den Stau, in dem man wieder einmal steht.

Betrachten wir diesen Stau zum Beispiel genauer: Man steckt darin fest, es ist heiß und ein wichtiger Termin ist gefährdet. Man ärgert sich „grün und blau". Der Blutdruck steigt gefährlich an, das Herz rast und es drückt immer mehr im Magen. Nur am Stau bzw. an der Situation ändert sich trotzdem nichts. Ich kann mich noch so aufregen, ich sitze fest.

Auch hier gibt es eine bessere Lösung: Wer viel im Auto unterwegs ist, sollte immer eine entspannende CD oder Kassette dabei haben. Man kann sich auch mal in so einer Situation zurücklehnen und relaxen. In solch einem Moment erkennt man, dass man es selbst in der Hand hat, sich zu ärgern oder zu entspannen. Es ist nur die Einstellung zu der Situation und nie die Situation selbst, die Ärger erzeugt.

Kommen wir zum dritten Punkt, den **Ängsten**. Wenn wir auf die Welt kommen, kennen wir nur zwei

- die Angst vor dem Fall und die Angst vor dem Knall.

Beide sind zum Überleben wichtig. Alle anderen Ängste sind sozusagen „anerzogen".

Haben unsere Eltern bzw. die Menschen, die unsere ersten Lebensjahre prägen, Angst vor Mäusen, Spinnen, Krankheiten oder Gewitter, können wir davon ausgehen, dass wir diese Ängste unbewusst übernehmen.

Ebenso weiß man heute, dass die Geburt einen großen Einfluss auf unser späteres Seelenleben hat. Eine anstrengende und vor allen Dingen schwere Geburt kann zum Beispiel zu Platzangst führen. Dies ist im Buch „Die geistigen Gesetze" von Kurt Tepperwein schön nachzulesen. Solche oder ähnliche Erlebnisse werden in unserer Seele bzw. in unserem Energiekörper gespeichert. Da alles in unserem Unterbewusstsein abläuft, ist es sehr schwer, dagegen anzugehen.

Trennungsängste können ebenso von der Geburt herrühren. Wird das Baby von der Mutter getrennt, um es beispielsweise medizinisch zu versorgen, wie dies bei Frühgeburten der Fall ist, können die ersten Ansätze für Trennungsangst gelegt werden.

Heute weiß man auch, dass der Mensch in den ersten drei Lebensmonaten sehr intensiv von diesen Einflüssen geprägt wird. Erfahren wir in dieser Zeit viel Liebe und Zuneigung, werden nur selten Verlustängste entstehen. Deshalb sollte man schreiende Babys immer beachten. Sie brauchen einfach Zuneigung oder den körperlichen Kontakt.

Die Aussagen von früher „Schreien stärkt die Lungen", oder „Man kann nicht immer rennen, wenn das Baby schreit, sonst erzieht man es zum Tyrannen" haben bei manch einem von uns seelische Schäden hinterlassen. Auch damals handelten unsere Eltern sicherlich in gutem Glauben, uns damit zu lebenstüchtigen Menschen zu erziehen.

Der vierte Punkt ist der **Elektrosmog** bzw. Mikrowellen (elektromagnetische Energien). Ihr wechselndes Magnetfeld durchdringt fast jede Materie. Sie sind unsichtbar, nicht zu hören, nicht zu riechen und auf Dauer mitbestimmend beim Entstehen der verschiedensten Krankheiten bei Mensch, Tier und Pflanze.

Verschiedene Experten weisen aufgrund von Forschungsergebnissen seit längerem darauf hin, dass schon extrem schwache MIKROWELLEN-Strahlungen ausreichen, um Mensch, Tier und Pflanzen nachhaltig zu stören. Quellen dieser „Umweltverschmutzung" sind technische Anlagen wie Richtfunk, Radar, Luftraumüberwachungssysteme, Satellitensender, Trafostationen, Freileitung zur Stromversorgung usw...

Feine, hochfrequente elektromagnetische Wechselfelder werden als Modulationsprodukt über das Stromverteilernetz in unsere Wohnung transportiert. Sie haben für den menschlichen Körper Signalcharakter und wirken auf der feinstofflichen Informationsebene (z. B. Hormonproduktion).

Weitere Informationen zu Elektrosmog sind im Kapitel Säure-Basen-Haushalt, Trinkwasser und Elektrosmog beschrieben.

Kommen wir zum fünften Punkt, der falschen **Ernährung**. Ich persönlich habe die Erfahrung gemacht, dass dies ein dehnbarer Begriff ist.

Da alles relativ ist, denke ich, dass jeder Mensch seine eigenen Erfahrungen machen sollte. Auf der einen Seite heißt es, ein Stück Fleisch ist Lebenskraft, auf der anderen Seite steht BSE, Maul- und Klauenseuche, misshandelte und nicht artgerecht gehaltene Tiere. Über diese Themen wurde in letzter Zeit viel geschrieben und diskutiert. Jeder kann sich daher seine eigene Meinung darüber bilden.

Meine Meinung ist, lieber weniger Fleisch und wenn, dann nur von artgerecht gehaltenen Tieren. Dafür bezahle ich gerne ein paar Euro mehr.

Alle Tiere sollten mit Respekt behandelt werden. Zu diesem Thema erscheint ein eigenes Buch von mir. Da dies ein sehr komplexes Thema ist, sollte man sich einmal ausführlich damit befassen.

„Die Milch macht's!" - Mittlerweile ist bewiesen, dass dieser Spruch so auch nicht mehr stimmt. Tierische Eiweiße können für den Menschen nur von Vorteil sein, wenn unser Säure-Basen-Haushalt stimmt.

Ich möchte nochmals eindringlich darauf hinweisen, dass man ebenso bei der Ernährung mehr auf sein Gefühl, sprich Intuition, hören sollte. Jeder Mensch ist einmalig und reagiert auch auf Nahrung unterschiedlich.

Jahrelang beschäftige ich mich schon mit diesem Thema. Nicht jeder Vegetarier ist gesund und glücklich. Auch Menschen, die sich nur mit biologisch angebauten Lebensmitteln ernähren, haben teilweise Gesundheitsprobleme. Ich kenne verschiedene Personen, die in Maßen rauchen oder Alkohol trinken und trotzdem sehr gesund sind. Wie in jeder Situation macht es auch hier die Menge und vor allen Dingen die Einstellung dazu aus. Sobald ich meinen eigenen Weg gefunden habe, werde ich auch auf dieser Ebene erkennen, was mir gut tut.

Wenn auf der einen Seite ernährungswissenschaftliche Ergebnisse vorliegen, werde ich auf der anderen Seite trotzdem zu meinen Bedürfnissen stehen und natürlich auch die Konsequenzen tragen. Jeder Fehler kann auch hier eine Bereicherung sein.

Untersuchungen haben ergeben, dass Menschen viele Nahrungsmittel besser vertragen, wenn sie mit positiven Gedanken und nicht mit schlechtem Gewissen gegessen werden. Auch sogenannte „Dickmacher" schlagen weniger zu Buche, wenn man ohne Reue zu den Gelüsten steht.

Wenn wir uns natürlich nach den Medien richten, sieht alles anders aus. Die Werbung lebt uns täglich vor, jung, schlank, schön und braun gebrannt sei das einzige wahre Glück; immer hundert Prozent leistungsfähig und gut gelaunt zu sein, mit 20 Jahren die Erfahrungen von 60-Jährigen und mit 60 Jahren den Körper und das Aussehen eines 20-Jährigen haben.

Diese vorgegaukelten Ideale gibt es in Wirklichkeit nur sehr selten. Oft steht hinter der Schönheit und der Idealfigur Liften, Schminken und Hungern. Kurz und knapp, nur diszipliniert leben, sich viele Dinge entsagen und kasteien ohne Ende.

Lächerlich wird es vor allen Dingen, wenn junge Models für die reife Haut Werbung machen und uns den Erfolg von Faltencreme mit ihrer jungen faltenfreien Haut in Großaufnahme zeigen; wenn ein Sportler mit Joghurt, ein Tennisstar mit Nudeln oder Kaffee glücklich wird.

Das wäre ich auch, wenn ich deren Gage bekäme. Lauter tolle Dinge, die im Fernseher super ´rüber kommen, aber in der Wirklichkeit nicht funktionieren.

Selbst nach der 100. Flasche kommt auch heute noch kein Meister Proper aus derselben und macht alles von alleine.

Für ein intaktes Immunsystem ist es also wichtig, unter anderem Stress, Ärger, Ängste und Elektrosmog soweit wie möglich zu vermeiden. Ebenso ist eine gesunde Ernährung und ein gutes Wasser von großer Bedeutung. Sicherlich lässt sich nicht alles von heute auf morgen verändern, doch allein schon das Bewusstmachen dieser Faktoren ist ein erster und wichtiger Schritt in die richtige

Richtung.

Wie sagte schon Konfuzius:

Der Mensch hat dreierlei Wege klug zu handeln,
erstens durch Nachdenken, das ist der edelste.
Zweitens durch Nachahmen, das ist der leichteste,
und drittens durch Erfahrung, das ist der beste.

5. Kapitel

Weise Lebensführung
gelingt keinem Menschen durch Zufall.
Man muss, solange man lebt, lernen, wie man leben soll.

(Seneca)

Säure-Basen-Haushalt, Trinkwasser und Elektrosmog

„Die meisten Menschen in Deutschland sind übersäuert. Durch falsches und zu reichliches Essen bilden sich im menschlichen Körper zu viele Säuren. Als Folge mangelt es an Basen (Alkali-Mineralien), die zum Ausgleich nötig wären. Die Säuren stammen nur zu einem kleinen Teil aus sauren Speisen und Getränken. Überwiegend entstehen sie als Zwischenprodukte beim Verstoffwechseln von Kohlenhydraten, Fett und Eiweiß" erklärt der Stuttgarter Internist Dr. Berthold Kern (1911-1995).

Er warnt: „Fast alle Organe, Gewebe und Zellen werden durch Übersäuerung gestört und geschädigt. Saure Organe führen zum vorzeitigen Altern. Die Kapillardurchblutung der Organe wird vermindert oder blockiert. Allergien und Rheuma können leichter entstehen. Die schlimmsten Folgen sind Herzinfarkt und Schlaganfall."

Aber wie erfährt man, ob man an Übersäuerung leidet? Dr. Kern: „Mit Indikator-Messstreifen aus der Apotheke kann jeder selbst den pH-Wert des Urins feststellen. Liegt er morgens im biologisch sauren Bereich unter 7,4 (z. B. nur bei 6,5) sollten Sie den Körper „entsäuern." Dies war auch schon am Sonntag, den 25. Juni 1995, in der „Bild am Sonntag" zu lesen.

Als ich diesen Artikel las, wusste ich weder, was ein Säure-Basen-Haushalt für meinen Körper bedeutet, geschweige denn, was er für Auswirkungen auf die Gesundheit hat. Erst als ich vor vier Jahren Heinz Elter aus Wertheim kennenlernte, wurde durch seine Vorträge mein Interesse für dieses Thema geweckt.

In seinem Labor erklärte er mir anhand von Blutuntersuchungen nach Prof. Dr. G. Enderlein, welche Schäden durch zuviel tierisches Eiweiß, zuviel Säure und zuwenig Wasser im Körper entstehen können.

Durch seine anschaulichen Vorträge über Trinkwasser, Elektrosmog, Gleich- und Wechselstrom usw..., sowie die körperlichen Auswirkungen durch Übersäuerung sind diese Abläufe für mich verständlich und kein „Buch mit sieben Siegeln" mehr. Ich kann nur jedem raten, sich mehr mit diesen wichtigen Themen zu beschäftigen.

Was für mich auch noch sehr wichtig ist, Heinz Elter erklärte mir sehr eindringlich, dass wir im Bezug auf Elektrosmog oft auch „über"-reagieren.

Es gibt Dinge, die gehören einfach zu unserer Zeit. Sie sind nicht mehr wegzudenken und sollten auch sinnvoll genutzt werden.

Doch alles hat eben zwei Seiten, eine negative und eine positive. Heinz Elter erklärte mir sachlich die Auswirkungen der Handys, Computer, Mikrowellen, Sendemasten usw... und wie man belastende Situationen entschärfen oder sogar auf ein Minimum reduzieren kann. Es gibt für jede sogenannte „unvermeidbare" Situation eine sinnvolle Lösung.

Da dieses Thema sehr umfangreich und auch fachspezifisch ist, werde ich hier einige Aussagen von Heinz Elter wiedergeben. Mit seinen Worten lässt sich diese Materie einfacher und bildlicher gestalten. Weiterhin verweise ich auf die Internet-Adresse www.lichtstrahl-magazin.de, wo zu den hier im Buch erwähnten Themen weiterführende Informationen zu finden sind.

Vorbeugen
ist die Voraussetzung für gute Lebensqualität!

Vorbeugen bedeutet Reduzierung, noch besser Vermeidung von Stressfaktoren, um ein gutes Körper - *Milieu* und Harmonie zu erhalten. Ca. 80 % unserer „Krankheiten" sind, „gewusst wie und warum", durch gezieltes Vorbeugen vermeidbar.

Jeglicher Stress veranlasst den menschlichen Körper Milchsäure zu bilden. Dazu kommt die „normale" Ernährung mit einem „zuviel" an Fett, Säure und tierischem Eiweiß.

Viele Menschen, die sich „besser", nämlich vegetarisch ernähren, sind teilweise auch „sauer". Auf Dauer entsteht so ein Basenmangel im menschlichen Körper und die im Übermaß vorhandenen Säuren können nicht mehr neutralisiert werden. Das Körpermilieu verschiebt sich in den sogenannten sauren Bereich. „Krankheiten" sind die logische Folge, da der Mensch insgesamt ein basisches Wesen ist. Es herrscht im menschlichen Körper kein Säure-Basen-Gleichgewicht, sondern das Verhältnis Säure-Base muss zu biologisch wichtigen Zeiten und an bestimmten Stellen, möglichst passend sein. Nur dann stimmt das Körper - *Milieu*. Claude Bernard, Prof. Bechamp, Prof. G. **Enderlein** haben dies eindeutig belegt:

„Die Mikrobe ist nichts - der Nährboden ist alles."

Mensch, Tier und Pflanze gedeihen nur in dem für sie ganz speziellen *Milieu*.

Spuckt man den Kern einer Kirsche irgendwohin, wird aus ihm nie ein Kirschbaum entstehen, es sei denn, ein Nährboden mit ganz bestimmten Voraussetzungen, nämlich Feuchtigkeit, Temperatur, der passende pH-Wert usw... ist vorhanden. Diese Tatsache beruht auf den Naturvorgaben „leben und leben lassen", „fressen und gefressen werden". Deshalb muss stets auf das *Milieu* besonders geachtet werden, auf das *geistige*, das *körperliche* und auf das *Milieu unserer Wohnungen*.

Das *geistige Milieu* ist leicht zu umschreiben: Es genügt nicht, von positivem Denken zu reden, sondern Positives muss getan werden. Wer verärgert aus dem Fenster schaut und sich äußert „Schon wieder so ein Schei...wetter" kann sicher sein, dass mit dieser Einstellung, die ja Stress bedeutet, sein Körper Milchsäure produziert. Da es kein „schlechtes Wetter" gibt und das Wetter nicht nach Lust und Laune geändert werden kann (das ist gut so), reduziert sich sein Stressfaktor Wetter sinnvollerweise auf die Auswahl der passenden Kleidung.

Generell gilt: Alles nicht Veränderbare sollte akzeptiert werden, doch all die Dinge, die uns „stinken" und von uns geändert werden können, müssen bereinigt werden.

Das *körperliche Milieu* umfasst mehrere wichtige Faktoren und muss deshalb näher betrachtet werden. Ein Faktor ist unsere Ernährung mit zuviel Fett, Säure und tierischem Eiweiß.

Tatsache ist, dass ein ausgewachsener Mensch mit pflanzlichem Eiweiß ausreichend bedient wäre, da er nur zur Reparatur und um sich elastisch zu halten Eiweiß benötigt. Für körperliche Leistung sind Kohlehydrate zuständig.

Um das aufgenommene tierische oder auch pflanzliche Eiweiß nutzen zu können, muss es der menschliche Körper verstoffwechseln, das heißt, er muss den Stoff wechseln, nämlich tierisches oder pflanzliches Eiweiß umwandeln in viele unterschiedliche körpereigene Eiweiße. Anschließend deponiert er das „Zuviel" an Eiweiß, dort wo es ihn am wenigsten behindert.

Eiweißdeponien sind das Fett- und Bindegewebe und zu unserem größten Nachteil die roten Blutkörperchen. Der, nach Prof. Enderlein, im Blutkörperchen eines jeden Warmblütlers und normalerweise mit uns in Symbiose lebende „Urpilz" Mucor racemosus Fresen ist hocherfreut. Das üppig vorhandene Eiweiß ist für ihn Nahrung und ermöglicht ihm, sich bestens zu vervielfachen. Dies wird bei der Blutuntersuchung im Dunkelfeld eindeutig sichtbar.

Die Anzahl der Nachkommen richtet sich in der Natur immer nach dem Nahrungsangebot, wenn der Mensch nicht „dazwischenpfuscht". Es gäbe zum Beispiel am Markusplatz in Venedig nicht Tauben in großer Menge, wenn sie nicht zusätzlich gefüttert würden.

Kommt nun durch ein „übersäuertes" Bindegewebe Eiweiß und Säure zusammen, wird das Blut im Laufe der Jahre langsam dick und dicker, da Stoffwechselrückstände nicht vollständig ausgeschieden werden können. (Dieser Ablauf ist leicht nachzuvollziehen und sofort sichtbar, wenn in ein Glas Milch ein paar Tropfen Zitronensaft geträufelt werden). Durch das nun zähfließende Blut fehlt Sauerstoff im Gehirn und in den Zellen. Die Denkfähigkeit, die Beweglichkeit, die Motorik usw. werden schlechter. Ein Infarkt ist vorprogrammiert, denn irgendwann verstopft verklumptes Blut an einer „Engstelle" z. B. eine wichtige Sauerstoffversorgungsader.

Dieser Ablauf ist vergleichbar mit dem Geschehen auf der Autobahn. Werden drei Spuren auf eine Spur reduziert, entsteht an dieser Verengung mindestens zähfließender Verkehr. Bei höherem Verkehrsaufkommen ist ein Stau nicht zu verhindern.

Viele „Fachleute" und die Werbung beruhigen uns mit Sprüchen wie „Jeder hat sein Zipperlein" und man ist daran ja selbst nicht schuld, denn „dies ist eben so", wenn der Mensch älter wird. Das ist doch alles kein Problem, denn es gibt dank Pharmaspezialisten immer ein „Gegenmittel".

Zu dieser Blutverdickung kommt noch Wassermangel in den Zellen. Wir trinken, aus ernährungsphysiologischer Sicht, viel zu wenig reines, „leeres" Wasser.

Der Leitwert von „gutem" Trinkwasser soll nach Prof. VINCENT unter **165** µS liegen. Das bedeutet, dass dieses Wasser mineralstoffarm ist bzw. wenig gelöste Stoffe (Ionen) vorhanden sind.

Eine Aufgabe unseres Trinkwassers ist es, als Lösemittel zu fungieren. Fast sämtliche Vitamine, Mineralien und Spurenelemente sind wasserlöslich. Nur ein paar Ausnahmen sind fettlöslich. Das heißt, der Körper benötigt auch Fett in dosierten Mengen.

Die zweite Aufgabe unseres Trinkwassers ist die, als „fantastisches Transportmittel" zur Verfügung zu stehen. Es transportiert die gelösten Stoffe in den Körper. Doch viel, viel wichtiger ist der Abtransport von Stoffwechselrückständen und nicht benötigten, möglicherweise giftigen Stoffen aus dem Körper. Dafür werden Wassermoleküle mit freier Oberfläche immer und überall in ausreichender

Menge im Körper benötigt, damit diese mit den abzutransportierenden Stoffen (Ionen) beladen werden können. Dies ist mit einer Straßenbahn zu vergleichen. Bei voller Besetzung kann niemand mehr zusteigen. Ist der Abtransport im Körper nicht gewährleistet, entstehen Stoffwechselstörungen, unsere „Zivilisationskrankheiten". Beispielsweise kann man einen Holzofen nicht nur beschicken, sondern sein Aschekasten muss von Zeit zu Zeit geleert werden, wenn er funktionieren soll.

Ein weiterer Aspekt, für genügend „leeres" Wasser im menschlichen Körper zu sorgen, ist die Tatsache, dass bei jeder Neutralisation von Säure mit einer Lauge ein Salzrest übrig bleibt.

Dies ist nicht nur im Laborversuch der Fall, sondern auch im menschlichen Körper. Der durch den Vorgang „Neutralisieren" entstandene Salzrest muss flüssig gehalten werden. Steht nun nicht genügend „leeres", mineralstoffarmes Wasser zur Verfügung, um die in großer Menge vorhandenen Salz-Ionen übernehmen zu können, bilden sich Salzkristalle. Diese Salzkristalle legt der menschliche Körper in Hohlräumen ab, zum Beispiel in Gelenkspalten, weil sie dort im Moment am wenigsten stören. Dieser Ablauf kann auch mit der Einnahme von Funktionsmitteln wie Schüßler Salze oder ähnlichem nicht verhindert, sondern nur verzögert werden.

Zu diesem Zeitpunkt hat jeder Mensch noch die Chance, sich wieder zu regenerieren. Voraussetzung ist das Erkennen bzw. das Verstehen dieser Situation und die Optimierung des gesamten Milieus. Das heißt Ursachen beseitigen und nicht an Symptomen „rumbasteln". Nur der eigene Körper ist in der Lage sich zu reparieren, er darf nur nicht daran gehindert werden.

Wird dieser wichtige Zeitpunkt nicht ernst genommen, ist mit großer Wahrscheinlichkeit ein zerstörtes Hüftgelenk oder ähnliches zu erwarten. Um dies zu verhindern, benötigt der menschliche Körper täglich mindestens 1 Liter möglichst **„mineralstoffarmes"** Wasser. Tee, Kaffee, Saft, Suppe usw. dürfen nicht zur täglichen Wasserzufuhr gerechnet werden, weil die in diesen Flüssigkeiten enthaltenen Wassermoleküle schon voll besetzt, *gesättigt* sind.

Zum *Milieu unserer Wohnungen*: In unseren vier Wänden muss dem Schlafraum und dabei dem Schlafplatz besondere Beachtung geschenkt werden.
Während der Schlafphase ist der Mensch noch wesentlich anfälliger für mögliche Angreifer als in seiner aktiven Zeit. Ständige Angreifer, nämlich Stressfaktoren, sind feinste technisch erzeugte Oberwellen. Sie sind *eine* Komponente vom Elektrosmog. Nach meiner Meinung sind sie der biologisch negativ wirksamste Anteil des Elektrosmogs, da sie das Milieu unserer Wohnungen verschlechtern.
Sie sind zu vergleichen mit den Obertönen in der Musik. Niemand hört gerne einem Orchester mit verstimmten Instrumenten zu. Er würde, sollte dies der Fall sein, den Saal verlassen.
Könnte unser Gehör die Vielzahl der in jeder Wohnung

vorhandenen technisch erzeugten Oberwellen als Töne wahrnehmen, wäre dies unerträglich. Diese feinsten Oberwellen entstehen automatisch und rein physikalisch durch Spiegelungen. Sie besitzen für den menschlichen Körper Signalcharakter, denn Wellenlänge ist gleich Wellenlänge, egal ob natürlich oder zusätzlich technisch erzeugt.

Bei biologischen Abläufen muss das Wissen um den Dualismus des natürlichen Lichtes wesentlich mehr in den Vordergrund gestellt werden. Es besteht aus mindestens zwei Komponenten, der Welle und dem Teilchen.

Das biologische System Mensch benötigt die Wellenlänge der Welle als Signal und das Teilchen als Energiepaket. Beide gehören zusammen, um sinnvolle Abläufe im Körper sicherzustellen.

Beispielsweise produziert der menschliche Körper das Hormon D (kein Vitamin) in ausreichender Menge selbst, wenn ihm genügend *natürliches* UV-Licht zur Verfügung steht. Der Mensch ist ein Lichtwesen und besitzt deshalb biologische Lichtfenster, über die er auch von technischen Frequenzen erreichbar ist. Er reagiert auf diese Belastung mit Stress, da für ihn von der *technischen* Frequenz nur die Komponente Welle als Signal vorhanden ist. Je kürzer die Wellenlänge der überwiegend in der Wohnung vorhandenen technischen Frequenzen, die alle wieder Oberwellen bilden, umso stressiger ist die Wohnung und somit auch der Schlafraum.

Neue Frequenzbänder (UMTS = Universal Mobile Communications System) lassen den uns einhüllenden Oberwellen-Frequenznebel noch wesentlich dichter werden.

Tatsache ist, dass jeglicher Stress den menschlichen Körper veranlasst, Milchsäure zu bilden. Als Folge verschlechtert sich im Laufe der Jahre das körpereigene System der Grundregulation (Selbstheilung).

Sämtliche gesundheitliche Schwierigkeiten stehen damit in Verbindung. Um das wichtige, körpereigene Grundregulationssystem funktionsfähig zu erhalten, sollte in jeder Wohnung das feinstoffliche Milieu durch die Reduktion dieser biologisch negativ wirksamen Oberwellen auf nicht pathogene, das heißt auf nicht krankheitsfördernde Werte verbessert werden.

Dies ist möglich mit dem Einsatz von einem quantenmechanisch und nach Naturgesetzen funktionierenden Kompensator, der an passender Stelle in der Wohnung plaziert wird. Ein solches Gerät wurde von mir 1987 entwickelt und ist in Verbindung mit Therapeuten erfolgreich im Einsatz. Die Gesundheit selbstverantwortlich zu erhalten ist ein Grundgesetz der Schöpfung. Nicht die Natur ist gegen uns, sondern die Dinge, die wir uns als „Statussymbole" oder zur „Erleichterung" unseres täglichen Lebens zulegen.

Doch wo Licht ist, ist auch Schatten. Da der Standort des Lichtes die Größe und die Dichte des Schattens bestimmt, ist Hilfe zur Selbsthilfe wichtig. Die momentan vorhandene Technik, mit all ihren Vor- und Nachteilen, gehört immer zu ihrer Zeit. Es liegt an uns, sinnvoll damit umzugehen. Kein Mensch muss immer und überall erreichbar sein.

Nachfolgend einige Maßnahmen, die ohne großen Aufwand selbst durchzuführen sind und das „Grobe" im

Schlafraum und am Schlafplatz betreffen:

Alle sich am Stromnetz befindlichen Elektrogeräte wie Radiowecker, Heizdecken, Heizkissen usw. sind aus dem Schlafbereich zu entfernen. Ist das Entfernen nicht möglich, muss während der Schlafphase mindestens der Netzstecker gezogen werden, sodass alle Elektrogeräte spannungs- und stromlos sind. Dies ist auch mit einer „Netzfreischaltung" möglich.

Ferner dürfen auf Dauer keine Metalle in den Betten bleiben. „Es sei denn Sie nutzen ihre Federkernmatratze als Radio- oder Fernsehantenne!" Zusätzlich zum Antenneneffekt hat jede Spirale einer Federkernmatratze ein magnetisches Eigenleben und verzerrt das für uns wichtige homogene Magnetfeld der Erde.

Als weitere Störpotentiale wirken Kunststofffolien. Sie gehen in Resonanz mit technisch erzeugten Wechselfeldern und laden sich statisch auf. Deshalb muss der Bereich von ca. 1,2 Metern rund um das Bett von jeglichen *Kunststofffolien* freigehalten werden. Wichtig: Die Verpackungsfolie von Papiertaschentüchern und ähnlichem „Kleinkram" wird oft auch unter dem Bett übersehen. Gleiches gilt für Bettenüberbauten und Nachtschränkchen. Das frühzeitig eingekaufte Weihnachtsgeschenk, noch in der Einkaufstüte aus Kunststofffolie im Bettkasten versteckt, verschlechtert das Schlafplatzmilieu enorm.

So mancher „Fachschlafplatzoptimierer" legt damit eine „Wasserader" in die Betten, die dann nach seiner Aussage fast so breit ist wie die Betten.

Zu Schadstoffen in unseren Wohnungen muss eine eigene

Abhandlung geschrieben werden. Deshalb zu dieser Problematik nur eine Anmerkung:

Es ist nicht sinnvoll, mit einem Familienmitglied, das täglich ca. 40 Zigaretten in den Wohnräumen raucht, über die Notwendigkeit einer Schadstoffmessung zu diskutieren. Mit dem Zigarettenrauch werden mit Sicherheit mehr Schadstoffe in der Wohnung verteilt, als die Spanplatten ausdünsten.

Mit jedem Stressfaktor, der umgehend beseitigt wird, hat der menschliche Körper die Möglichkeit, die ihm zur Verfügung stehende Lebensenergie besser zu nutzen. Er muss diese nicht sinnlos vergeuden, um sich gegen irgendwelche „Lebensenergiefresser" zu wehren. Der Erfolg dieser Maßnahmen zeigt sich schon nach relativ kurzer Zeit durch eine wesentlich bessere **Lebensqualität**.

Die Natur *kapieren*,
dann *kopieren*,
dass wir nicht *krepieren*.

Viktor Schauberger

Weitere Informationen finden Sie auch im Internet unter
www.lichtstrahl-magazin.de
oder im Lichtstrahl-Magazin.

6. Kapitel

Ein Edelstein wird ohne Reiben nicht blank,
ein Mensch ohne Prüfung nicht vollkommen.

(Chinesisches Sprichwort)

Krankheiten

Dieses Kapitel liegt mir besonders am Herzen. Seit meiner frühesten Kindheit haben Krankheiten meiner Angehörigen mein Leben mit geprägt. Wenn ich zurück denke, gab es oft Situationen, in denen ich mit allen kranken Menschen mitgelitten habe.

Schon als Kleinkind empfand ich es als besonders schlimm, wenn ich nur hörte, dass der Doktor zu uns nach Hause kommt. Meine Eltern erzählten mir später, dass ich mich öfters versteckte oder, falls dies nicht gelang, schreiend und tobend die Nerven aller anwesenden Personen aufs Schlimmste strapazierte. Da dies auch vorkam, obwohl ich nicht der Patient war, gab es öfters mal eine Ohrfeige, um mich in die Wirklichkeit zurückzuholen.

Wenn ich heute darüber nachdenke, warum ausgerechnet

ich, die nie ernsthafte Krankheiten oder Unfälle durchlebte, geschweige denn ein Krankenhaus von innen sah, solche panische Angst vor Krankheiten hatte, wird mir einiges klar.

Zugegeben, es war für alle Beteiligten damals eine nicht erkennbare Aussage. Heute weiß ich genau, dass dies eine Reaktion meines Unterbewusstseins war und ich damals schon spürte, dass ich die Spritzen, Pockenvorsorgeimpfungen usw... nicht brauchte.

Noch schlimmer empfand ich den Besuch beim Zahnarzt. Bis zu drei Personen mussten mich mit Gewalt festhalten und trotzdem gelang es mir des öfteren, den Zahnarzt zu beißen. Dass ich damit die Behandlung nicht zu meinen Gunsten verbesserte, war mir damals nicht klar.

Ab meinem 14. Lebensjahr gaben es meine Eltern auf, mich zu Arztbesuchen zu überreden. Mir wurde immer wieder gesagt: „Du wirst schon sehen, wo das hinführt, komm uns bloß später nicht mit Vorwürfen, wenn etwas zurückbleibt, wir haben dich gewarnt."

Schon damals gelang es mir, meine „kleinen Krankheiten" selbst in den Griff zu bekommen. Bei Erkältungen blieb ich einfach ein paar Tage im Bett, schwitzte tüchtig und trank Zwiebel-Kandis-Tee, machte Kartoffelwickel und war schneller gesund als die Patienten, die Antibiotika bekamen.

Ich kann mich auch noch an einen Fall erinnern, den unsere Oma oft erzählte: Ein Mann hatte eine fiebrige Erkältung und ließ sich Penicillin vom Arzt verschreiben. Nach fünf Tagen konnte er schon wieder arbeiten und drei Wochen später hatte er eine verschleppte Grippe, aus der sich dann ein Gelenkrheumatismus entwickelte. Er musste mit starken Schmerzen für sechs Wochen ins Krankenhaus und hatte jahrelang mit den Auswirkungen zu kämpfen.

Schon früher wussten die Menschen, dass Krankheiten nicht ohne Grund kamen. Ich hörte öfter „er hat sich verausgabt, der kennt doch nur die Arbeit und denkt, es geht nicht ohne ihn" oder „er muss mal aus dem Verkehr gezogen werden".

Mit diesen Sätzen konnte ich damals noch nichts anfangen. Erst als ich älter war und mir öfter mal der Ärger auf den Magen schlug, mir ein Schreck an die Nieren ging oder ich sauer auf bestimmte Situationen reagierte, erkannte ich die metaphysischen Zusammenhänge.

Neugierig geworden kaufte ich mir Bücher von Louise Hay, Rüdiger Dahlke und Thorwald Dethlefsen. Alle waren sich einig, dass Krankheiten an sich nichts Schlimmes sind. Unser Körper versucht uns durch seine eigene Sprache (Krankheitssymptome) mitzuteilen, dass wir an unserer physischen, emotionalen und geistigen Grenze angelangt sind. Alle drei Ebenen sind nicht voneinander zu trennen und müssen miteinander harmonisieren. Leben wir nicht unsere „innere Stimme", denken oft negativ, fühlen uns nicht wohl in unserer Haut oder haben Schuldgefühle, wird unser Körper dies zeigen.

Krankheiten werden allerdings auch oft unbewusst benutzt, um Aufmerksamkeit zu bekommen (z. B. bei Kindern) oder um unangenehme Situationen zu umgehen.

Schauen wir uns nun die Körpersprache in Bezug auf Krankheiten etwas näher an, z. B. Kopfschmerzen.
Wer kennt nicht die Aussagen „mit dem Kopf durch die Wand wollen", „sich den Kopf über etwas zu zerbrechen", „mir geht es nicht in den Kopf", „kopflos durch die Gegend zu laufen" oder „mir bereitet die Sache Kopfschmerzen". Menschen, die oft Kopfschmerzen haben, sind meistens Verstandesmenschen. Sie versuchen oft durch starres Denken Probleme zu lösen, sind sehr kopflastig und meistens auch verspannt. Sie sind selten mit sich zufrieden, haben große Angst zu versagen und überfordern sich selbst. Kopfmenschen müssen lernen loszulassen, mehr ihre Intuition zu leben, weicher zu werden und auch mal ihre Engstirnigkeit aufzugeben.

Leberprobleme deuten auf unterdrückte Wut hin. „Dem ist eine Laus über die Leber gelaufen" oder „gelb vor Wut oder Neid sein" sind nur zwei Beispiele die einiges aussagen. Die Leber macht auch dann Schwierigkeiten, wenn wir ihr zuviel Fett, Alkohol, Gifte oder Drogen zumuten. Ihre Funktion ist nicht nur die körperliche Entgiftung, sondern auch auf der geistigen Ebene zu entgiften. Menschen, die ihren Zorn immer zurückhalten, bekommen daher oft Probleme mit der Leber.

Lungenprobleme bekommen häufig Menschen, die sich nicht entfalten können, denen öfters vor Ärger die Luft wegbleibt, die an etwas fast ersticken, nicht mehr frei atmen können. Auch große Angst verschlägt uns den Atem. Wenn die Situation vorbei ist, können wir wieder aufatmen.

Auch die Aussagen: „mir schlägt etwas auf den Magen", „alles in sich hineinfressen", „etwas erst verdauen müssen", „mir liegt etwas wie ein Stein im Magen", kennen sicherlich die meisten von uns. Menschen mit Magenproblemen schlucken z. B. zuviel Ärger, Demütigungen oder Ungerechtigkeiten hinunter. Sie können ihre Probleme oder Aggressionen nicht verdauen (verarbeiten).

Rheumabeschwerden, unter denen immer mehr Menschen leiden, sind ein Zeichen dafür, dass man steif, unbeweglich und ohne Flexibilität auf der geistigen Ebene ist. Auch hier wurden Zorn und Aggressionen immer geschluckt und richten sich, da sie nie nach außen gelebt werden, gegen den Patienten selbst.

Rückenprobleme bekommt der Mensch, der eine große Last auf seinen Schultern trägt und lieber zusammenbricht, bevor er sich verändert. Man ist von Sorgen gebeugt, „mir sitzt die Angst im Nacken", „wir brechen jemanden das Rückrat", „sich auf etwas versteifen" usw., sind nur einige Redewendungen, die auf viele von uns zutreffen.

Zahnprobleme stehen für Durch- und Zubeißen, sowie für Verteidigung. Wer schlechte Zähne hat, ist oft unfähig, sich mit Dingen auseinanderzusetzen, er hat an Problemen schwer zu beißen. Manchmal muss man auch jemanden die Zähne zeigen, um sich zur Wehr zu setzen. Menschen, die nachts mit den Zähnen knirschen, trauen sich tagsüber nicht ihre innerlichen Aggressionen zu leben.

Wie man an diesen Beispielen sehen kann, ist es auch für den Laien nicht sehr schwer einen Zusammenhang zwischen Krankheit und Seele herzustellen. Es ist auf jeden Fall sehr hilfreich, ein paar gute Bücher zu diesem Thema zu lesen und sich damit zu beschäftigen. Auch hier kann ich nur nochmals wiederholen, es nutzt uns nichts, nur Symptome zu bekämpfen und die Ursache unberücksichtigt zu lassen.

Die schlimmste und gefährlichste Krankheit hat keinen Sinn mehr, wenn der Mensch den Sinn dahinter erkannt hat. Dieser Satz besagt wirklich alles. Nicht die Krankheit, sondern das, was wir aus der Krankheit machen, ist was uns wirklich krank macht.

Wir müssen uns immer im Klaren sein, dass wir der Besitzer unseres Körpers sind, der Hauptverantwortliche für unsere Gesundheit, kurzum, unser eigener Heiler. Die teuerste Tablette, die größte Operation und der beste Arzt der Welt nutzt uns nichts, wenn wir den Willen für unsere Heilung nicht haben. Wenn der Körper äußerlich gesund ist, aber die Seele krank bleibt, wird es nicht lange bis zum nächsten Ausbruch einer Krankheit dauern.

Jeder Mensch sollte in erster Linie die Verantwortung für seine Gesundheit selbst übernehmen. Das bedeutet nicht, dass wir keine Medikamente oder Ärzte brauchen, sondern wir trotzdem unseren Teil zur Genesung dazu beitragen müssen. Auch Operationen sind oft lebenswichtig.

Ich meine, dass es sich noch viele Menschen zu einfach machen, denn, wenn es dem einen Arzt nicht gelingt, uns gesund zu machen, wird er eben durch einen anderen ersetzt.

Weitaus wichtiger und sinnvoller erscheint es mir aber, dass es gar nicht erst zum Ausbruch einer Krankheit kommen muss. Vorbeugend etwas zu unternehmen und für eine gute und positive Lebensqualität zu sorgen, ist gar nicht so schwer und vor allen Dingen nicht zu teuer, wie die meisten Menschen denken. Wie heißt es so schön im Volksmund: „Gesundheit ist nicht alles, aber ohne Gesundheit ist alles nichts."

7. Kapitel

Verdrieße dich nicht darüber,
dass der Rosenstrauch Dornen trägt,
sondern freue dich darüber,
dass der Dornenstrauch Rosen trägt.

(Anonym)

Bachblüten

Von Bachblüten hörte ich erstmals vor 15 Jahren. Nachdem ich zufällig in einem Buchladen das Gespräch zweier Frauen mithörte, war mein Interesse an diesen Blüten geweckt.

Es war die Rede von der siebenjährigen Tochter, die seit Wochen unerklärliche Ängste hatte, nachts nicht schlafen konnte und ständig weinte. Sie war bei verschiedenen Ärzten – keiner fand jedoch eine körperliche Ursache. Völlig verzweifelt bekam die Mutter des Kindes durch Zufall (den es ja nicht gibt) die Adresse eines Heilpraktikers. Ohne große Hoffnung schilderte sie die Situation und war total von der Reaktion des Therapeuten überrascht. Nicht der

Körper des Kindes sei krank, sondern dessen Seele.

Ihr erster Gedanke nach dieser Aussage war, „der spinnt doch", erzählte sie der anderen Frau. Da ihr jedoch nicht mehr viele Möglichkeiten übrig blieben, war sie bereit, die Bachblütentherapie für ihre Tochter zu akzeptieren.

Voller Begeisterung erzählte sie im Buchladen laut und unüberhörbar für alle Anwesenden, was nach etwa ein bis drei Wochen passierte. Für sie völlig unerklärlich trat schon nach zwei Tagen eine leichte Besserung ein und nach drei Wochen war die Angst und das ständige Weinen völlig verschwunden. Und dies sei nun schon Monate her und dem Kind ging es in jeder Hinsicht besser. Es sei viel offener, lacht mehr und würde in der Schule besser lernen. Auf die Frage ihrer Bekannten, was denn Bachblüten eigentlich seien und wie sie wirken, erklärte sie für mich völlig überraschend: „Das interessiert mich nicht großartig, denn ich kenne mich damit nicht aus und das meiste darüber habe ich sowieso schon vergessen. Aber ich glaube hundertprozentig an die Wirkung der Bachblüten, auch wenn ich es nicht erklären kann. Dafür habe ich jetzt den Heilpraktiker gefunden und es reicht, dass er es weiß und wir uns an ihn wenden können."

Das genau war der Satz, den ich persönlich nie verstand. Wenn ich etwas Neues ausprobierte, war es für mich ganz wichtig, dass ich auch die Hintergründe, das Wissen, das dahinter steht und die entsprechende Literatur zu diesem Thema kennenlernte. Auch Kurse oder Ausbildungen waren für mich in dieser Richtung sehr wichtig.

Von den ersten Büchern über Bachblüten erfuhr ich sehr viel über die Geschichte der Blütenessenzen. Nicht erst seit dem Jahre 1928, als Dr. Edward Bach seine Methode entwickelte, sondern schon seit der frühesten Vorzeit wussten die Menschen um die Heilkräfte der Pflanzen.

Auch Paracelsus (1493 – 1543) erkannte, dass man Geist und Körper (Materie) nicht trennen kann. Er erklärte damals schon, dass die gesamte Schöpfung miteinander verbunden ist. So war es auch logisch, dass die Natur für jede Krankheit ein Kraut wachsen ließ. Man musste nur mit wachsamen Sinnen durch die Natur gehen, um die Zusammenhänge zwischen Blüten und Körper zu erkennen.
So erkannte man z. B., dass die aufgewölbte Blütenmitte der Kamille Ähnlichkeit mit dem Bauch eines Kindes hat, deshalb vermutete man zwischen beiden einen Zusammenhang. Wie die langjährigen Erfahrungen gezeigt haben, beruhigt Kamille tatsächlich das Nervensystem und wirkt besonders auf Kinder.

Auch der Wuchs der Pflanze ist von Bedeutung. Aufgrund der Tatsache, dass die Blätter des Beinwell unten mit den Blattstielen verschmelzen, folgerte man, dass die Pflanze die Heilung von Knochenbrüchen begünstigt.

Paracelsus erkannte damals schon, dass die Ursache aller Krankheiten in der Abkehr des Menschen von seinem ureigenen spirituellen Wesen liegen müsse, ausgelöst durch die Verführbarkeit des Geistes und der Sinne. Nur mit einem geeigneten Heilmittel können wir das innere Gleichgewicht, die einzige wahre heilende Kraft, wiederfinden. Zu seiner Zeit war Paracelsus ein berühmter Mann, nicht so sehr als Philosoph, sondern wegen seiner erstaunlichen Heilerfolge als Arzt.

Als ich das im Buch „Sanfte Wege zur Gesundheit" von Carol Rudlof las, war ich sehr beeindruckt. Je mehr ich mich mit dem Ursprung der Blütenessenzen befasste, desto deutlicher war zu erkennen, dass ein ganz anderer Sinn dahinter stand.

Edward Bach, 1886 geboren, war sich damals schon sicher, dass es nicht auf den Namen der Krankheit ankommt, sondern nur allein auf den negativen Gemütszustand, der dahintersteckt. Als erstes müssen wir immer herausfinden, wo unser inneres Gleichgewicht gestört ist und welches Problem uns im Moment beschäftigt. Er erkannte schon damals, dass es nichts bringt, Symptome zu behandeln und die Ursache zu ignorieren. Zum Beispiel nutzt es nichts, ständig Erkältungen, Mandel- oder Blasenentzündung, Schlaflosigkeit und vieles mehr mit Tabletten zu verdrängen, wenn die negativen psychischen Zustände (die Geisteshaltung) nicht verändert wird.

Er erkannte auch anhand seiner eigenen Krankheit, dass Blüten den Geist auf sanfte und natürliche Art unterstützen und somit die Selbstheilungskräfte unseres Körpers aktivieren.

Sobald der herrausragende Konflikt im Patienten gefunden ist, er die Blüten bekommt, die helfen, die Ursache zu erkennen, hat er die besten Voraussetzungen, um zu gesunden. Um hier ein Beispiel zu nennen, das uns im Moment betrifft, nehme ich die Angst. „Alle Angst muss ausgelöscht werden. Sie sollte in der menschlichen Seele niemals vorhanden sein. Sie nistet sich nur dann ein, wenn wir unsere Göttlichkeit aus den Augen verlieren." sagte schon Edward Bach.

Für Angstzustände gibt es z. B. Aspen, Mimulus, Agrimony, Rock Rose und Cherry Plum. So wie es verschiedene Arten von Angst gibt, finden sich auch die passenden Blüten dazu.

Der Aspen-Typ leidet an nicht erklärlichen Ängsten. In diesem Zusammenhang fällt mir der Begriff „Der zittert wie Espenlaub" immer ein. Er schreckt nachts mit heftigem Zittern aus dem Schlaf hoch, hat Beklemmungsgefühle, Herzrasen, Platzangst usw...

Im Buch „Auf sanften Schwingen zur Gesundheit" von Christel Deutsch, steht Folgendes zu lesen: „Die Espe zittert, selbst an fast windstillen Tagen. In der christlichen Überlieferung heißt es, dass das Kreuz Christi aus Espenholz gefertigt war. Aus der Erinnerung an dieses Ereignis zittert der Baum noch heute."

Aus der Natur dieses Baumes erkannte Dr. Bach seine Anwendungsmöglichkeit. Der Baum symbolisiert eine verborgene, unbekannte Angst, so, als ob Schlimmes geschehen werde, ohne dass man sagen könne, was dies sei. In seiner hellsichtigen Kenntnis der Zukunft sagte Bach, die Espe bringe die Kräfte auf die Erde, die in jedem von uns vorhanden seien, ohne dass wir es allerdings wüssten.

Die Blüte Mimulus ist hilfreich bei konkreten Ängsten wie z. B. vor Krankheiten, Unfällen, Schmerzen, Alleinsein, Armut usw...

Red Chestnut-Typen sorgen sich um andere Menschen, bangen ständig um ihre Lieben, dass ihnen etwas zustoßen könnte. Menschen, die verzweifelt und mutlos sind, bekommen mit Larch, Elm, Sweet Chestnut, Oak oder Star of Bethlehem wieder neue Kraft.

Was in keinem Haushalt fehlen sollte sind die Rescue Remedy (Notfalltropfen). Dies ist eine fertige Mischung aus Star of Bethlehem, Rock Rose, Impatiens, Cherry Plum, und Clematis. Anzuwenden sind sie bei Schock, Unfällen, schlechten Nachrichten, vor Operationen, bei Geburten, Prüfungen und allen Angst machenden Situationen. Schon kurz nach der Einnahme spürt man eine Erleichterung und entspannt sich. Es genügt ein Tropfen auf die Zunge oder in ein Glas Wasser zu geben. Je nach Lage kann dies mehrmals hintereinander wiederholt werden.

Auch hier rate ich jedem, selbst zu testen und sich mit den Bachblüten zu beschäftigen. Zum Schluss möchte ich betonen, Bachblüten heilen keine Krankheiten, sondern sie helfen uns, die krankmachenden Ursachen zu erkennen und aufzulösen. Sie erleichtern uns auch, unser inneres Gleichgewicht zu finden und es immer besser zu erkennen. Natürlich ist dies auch oft ein längerer Weg.

Man kann Bachblüten auch sehr gut bei Tieren anwenden. Hier merkt man ebenso wie bei kleinen Kindern, wie schnell sie wirken. Je offener wir für feinstoffliche Energien sind, desto schneller ist auch der Erfolg sicht- und spürbar.

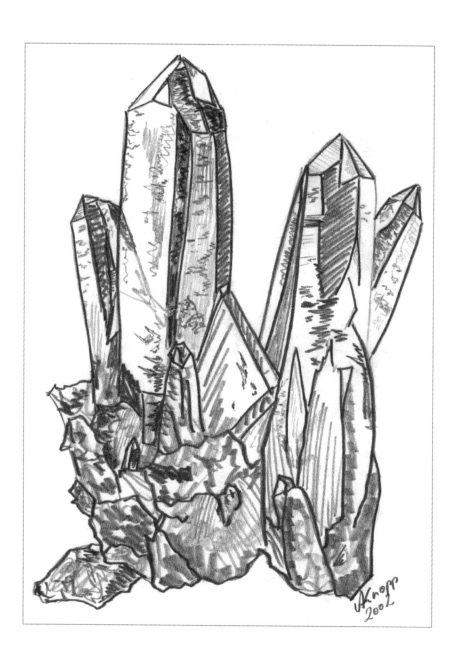

8. Kapitel

*An den Steinen, die einem in den Weg gelegt werden,
erkennt man, wo es langgeht!*

(Anonym)

Heilsteine

Meinen ersten Stein bekam ich von einer Bekannten geschenkt. Sie brachte mir aus ihrem Italienurlaub einen ge-
bänderten Calcedonanhänger mit. Für sie waren Steine nur
schöne Schmuckstücke, die sie passend zu ihrer Kleidung
trug, mal als Kette, Ring, Anhänger oder als Donats. Von
ihr bekam ich auch keine weiteren Informationen, dass es
ein Heilstein sei und was er bewirkte. Hauptsächlich trug
ich den Calcedon wenn wir uns trafen.

Um so überraschter war ich, als ich von einem jungen
Mann angesprochen wurde, woher ich denn diesen unge-
wöhnlich schönen Calcedon hätte. Den Namen des Steines
hatte ich schon längst vergessen, auch war ich etwas überrascht, dass ich deswegen angesprochen wurde.

Ohne auf eine Reaktion von mir zu warten, fragte der Mann, ob ich den Stein auch abwasche bzw. entladen und danach wieder aufladen würde. Er erklärte mir, dass Steine Energien abgeben, aber auch negative Energie speichern können und diese an den Menschen weitergeben, wenn sie nicht gereinigt werden. Verdattert stand ich da und wusste nicht einmal, was er damit meinte.

Ein paar Tage später fiel mir ein Buch in die Hand, das ich bereits mehrfach gelesen hatte. Zu meinem Erstaunen stellte ich fest, dass dieses Buch ein Kapitel über Heilsteine enthielt, welches ich bis zu diesem Zeitpunkt übersehen hatte, da es mich nicht sonderlich interessierte.

Daraus entnahm ich, dass man die Kraft der Steine schon seit Tausenden von Jahren kennt. Bereits in der Bibel wurden sie von Jesaja erwähnt: "Siehe, ich will deine Grundfesten aus Malachit bilden und deine Fundamente aus Saphiren. Ich will deine Zinnen von Rubinen machen und deine Tore aus Karfunkeln.

Auch Hildegard von Bingen (1098-1179) war von der Heilwirkung der Steine überzeugt. Ihr verdanken wir viele Überlieferungen, die auch heute noch wirksam sind.

Neugierig suchte ich in Büchereien nach weiteren Informationen. So erfuhr ich auch mehr über die Wirkung der Steine und dass es verschiedene Formen und Anwendungsmöglichkeiten gibt. Selbst für jedes Sternzeichen gibt es passende Steine.

Kurze Zeit später konnte ich den ersten Stein testen. Im

Buch las ich, dass das Tigerauge ein guter Schul- und Prüfungsstein sei. Auch auf die Konzentration hätte er eine positive Auswirkung.

Der Sohn meiner Freundin hatte Geburtstag und ich wusste von ihm, dass er Steine sammelte. Ebenso war mir bekannt, dass er sich bei bestimmten Lernfächern schlecht konzentrieren konnte, leicht ablenkbar war und manchmal still vor sich hinträumte.

Also kaufte ich ein schönes Tigerauge zum Umhängen und einen Handschmeichler zum Einstecken.

Eine größere Freude hätte ich ihm gar nicht bereiten können. Völlig begeistert nahm er die Steine in Empfang, bestaunte sie immer wieder und erkannte scheinbar sofort die Kraft, die von ihnen ausging. Glücklich, dass ich den Geschmack des Kindes getroffen hatte, war für mich die Sache dann erledigt.

Um so größer war meine Freude, als ich erfuhr, dass er mit Hilfe der beiden Steine viel besser in der Schule klar kam. Er erzählte mir immer wieder wenn wir uns trafen, dass er die Kraft der Steine spürt, dass sie ihn beschützen und er seitdem viel weniger Angst vor Schulaufgaben hatte.

Ab diesem Zeitpunkt fing ich an, die Steine gezielt einzusetzen. Sei es bei Verbrennungen, Verstauchungen, Schlafstörungen, Ängste, Stress usw... Am Anfang kann man sich, und vor allen Dingen auch anderen nicht erklären, was da passiert, aber es funktioniert. Für mich persönlich war es auch nie ein Problem, wenn ich etwas wissenschaftliches oder technisches nicht erklären konnte, es zählte nur das Endresultat. Es störte mich auch nur selten, wenn ich diesbezüglich ausgelacht oder belächelt wurde. Sobald ich eine Wirkung oder Veränderung spürte, stand ich voll dahinter.

Ich kann für mich behaupten, dass die Intuition besser funktioniert, wenn der Verstand nicht alles in Frage stellt. Deshalb gilt auch bei den Steinen wie überall: „Tue es, oder lasse es!" Erfahrungen und Erfolg bekommt man erst, wenn man mit Steinen arbeitet. Auch zu diesem Thema gibt es sehr interessante Bücher, die im Anhang genannt werden.

Einige meiner Lieblingssteine werde ich hier noch kurz vorstellen.

Amethyst: Er wirkt beruhigend, gegen Migräne, bei Prellungen, Schlafstörungen, Elektrosmog und gegen Süchte.

Aventurin: Er hilft bei Stress, Ängsten, Haarausfall, Augenentzündungen und Hautproblemen.

Bergkristall: Ein für mich sehr wichtiger Stein, den ich sehr oft bei Schmerzen und Gelenkbeschwerden aufklebe und bei Insektenstichen und Brandblasen anwende.

Bernstein: Er ist ideal für Babys als Zahnungshilfe, Bronchitis, Hexenschuss, Ischiasbeschwerden und Allergien.

Carneol: Er wirkt bei Zahnfleischbluten, Regelschmerzen, Verdauungsproblemen und unterstützt die Entgiftung.

Calcedon: Er wird bei Halsentzündungen, Fieber, Erkältungskrankheiten, Stottern und bei Beschwerden in den Wechseljahren eingesetzt.

Citrin: Er hilft bei Leberproblemen, Diabetis, Trübsal und Depressionen.

Hämatit: Er ist gut bei Eisenmangel, Kreislaufbeschwerden, Schlafschwierigkeiten und wirkt blutstillend.

Lapislazuli: Er ist ideal bei Angina, Lernschwierigkeiten, Herpes, Entzündungen und stärkt das Immunsystem.

Malachit: Er wird bei Arthritis, Arthrose, Asthma, Menstruationsbeschwerden und bei Krämpfen eingesetzt.

Rosenquarz: Er wirkt schmerzlindernd bei Gürtelrose,

Gallenblasenproblemen, Herzbeschwerden, Alpträumen und gegen Bettnässen.

Sodalith: Er ist gut bei Nervenentzündungen, ist blutdrucksenkend und beruhigend.

Tigerauge: Er hilft bei Asthma, Lernschwierigkeiten, Knochenerkrankungen und ist ein guter Schutzstein.

Turmalin (Schörl): Er wird angewandt bei Nackenverspannungen, Ohrenbeschwerden, Taubheitsgefühl, Verstopfung und Blähungen.

Dies ist nur ein kleiner Auszug aus der Steinheilkunde und sollte nur als Anregung gesehen werden. Vielleicht ist der eine oder andere neugierig geworden, und möchte einmal einen Stein für sich testen.

Ich persönlich empfehle jedem Menschen, intuitiv die Steine auszusuchen und dann erst zu lesen, was für eine Heilkraft hinter dem ausgesuchten Stein steckt. In der Praxis sind die Kunden immer wieder überrascht, dass sie den richtigen Stein für sich finden.

Meine Erfahrungen haben gezeigt, dass bei intuitiv ausgesuchten Steinen immer die Ursache und nur selten das Symptom im Vordergrund steht. Und genau das ist wichtig. Was nutzt es z. B., das Symptom Kopfschmerzen zu behandeln, wenn die Ursache Stress oder Nackenprobleme sind.

Über Steine gibt es viele und vor allem interessante Bücher in jeder Preislage. Im Anhang finden sie Bücher, mit denen ich arbeite und die ich auch guten Gewissens empfehlen kann.

Feng Shui

9. Kapitel

Wer das Kleine nicht versteht, sollte es nicht wagen,
über Großes zu reden.

(Li Gi)

Feng Shui

Den meisten Lesern ist Feng Shui sicherlich ein Begriff. Die letzten Jahre wurden wir förmlich von dieser Welle überschwemmt. Baumärkte, Möbelhäuser, Büchereien und Zeitungen boten Feng Shui Artikel bzw. Berichte über diese chinesische Philosophie an. Kurse und Berater schossen nur so aus dem Boden. Mittlerweile ist dieser Boom wieder etwas abgeflaut.

Manche Menschen mussten feststellen, dass trotz Umstellung der Wohnung oder Umbau des Hauses nicht alle Probleme verschwanden. So mancher aktivierte seine Reichtumsecke und wartet heute noch auf den großen Geldsegen.

Andere suchten den Partner nur nach Feng Shui und trotzdem kam kein Traummann bzw. keine Traumfrau.

Ich habe viele Kunden kennengelernt, die meinten, dass ihre Sorgen, Krankheiten oder Beziehungsschwierigkeiten verschwinden, wenn ein paar Möbel umgestellt oder die Farben verändert werden.

Betrachten wir einmal, was hinter diesen Worten steckt. Feng Shui bedeutet Wind und Wasser, sinnbildlich ist damit die Lehre von den Energien des Windes und des Wassers gemeint. Auch in diesem Bereich waren uns die Chinesen schon Tausende von Jahren voraus. Sie wussten, dass man die Energie des Kosmos, die überall vorhanden ist, auch wenn wir sie nicht sehen, riechen oder berühren können, harmonisierend nutzen kann.

Das beste Beispiel ist Hongkong. Etwa 90 Prozent aller Gebäude sind nach Feng Shui Maßstäben gebaut. Der große Reichtum dieser Stadt kommt nicht von ungefähr. Um dieses Wissen so erfolgreich anwenden zu können, gehört auch das Verständnis von Yin und Yang, die Lehre der fünf Elemente und vor allen Dingen das Leben mit der Natur dazu.

Erst muss man verstehen, wie die Harmonie dieser Energien aufgebaut ist. Nichts im Kosmos ist dem Zufall überlassen. Alles hat seine Ordnung, auch wenn es für die meisten Menschen nicht zu sehen, geschweige denn zu verstehen ist.

Die Jahreszeiten, die Mondphasen, Ebbe und Flut, Tag und Nacht, alles kehrt im bestimmten Rhythmus wieder.

Kein Mensch muss der Natur etwas lernen.

Im Frühjahr kommt das neue Grün, im Sommer ist der Höchststand, im Herbst beginnt das Zurückziehen und im Winter stirbt das Blatt ab. Und so geht es Jahr für Jahr, ohne Computer und ohne Berechnung. Es funktioniert einfach.

Der natürliche Bachlauf ist geschwungen, um die Strömung zu bremsen und auch das Wasser energetisch aufzuladen. Der Mensch meinte, er müsste die Flussläufe begradigen und bekommt als Quittung Überschwemmungen. Ebenso wurden unzählige Bäume geopfert, um mehr Platz für Ski- und Rodelbahnen zu schaffen. Die Reaktion der geschädigten Natur sind unzählige Lawinen. Menschen, die sich mit den Energien der Natur beschäftigen, würden nie solche Todsünden begehen.

Jeder, der mit offenen Augen durch die Welt geht, erkennt in der Natur, dass Feng Shui das Zusammenspiel von verschiedenen Energien ist. Erst wenn wir das Prinzip erkannt haben, können wir es auch für uns anwenden.

So wie der natürliche Flusslauf durch die sanften Kurven die Energie bremst, so sollen auch durch sanft geschwungene Wege, z. B. im Garten oder auf der Zufahrt zum Haus, die Energien entschärft werden.

Da in der Natur eben alles natürlich abgerundet, ohne Kanten und Ecken entstanden ist, sollten wir auch im Haus die spitzen Ecken und Kanten entschärfen. Schauen wir uns z. B. ein älteres Schwimmbecken an, das in den meisten Fällen vier Ecken hat. Nehmen wir hingegen die natürlichen Seen oder Teiche, werden wir nur abgerundete Formen finden.

Es ist also für uns sehr wichtig, dass die Energieverhältnisse in unserer Umgebung stimmen. Nur wenn die Lebensenergie (Chi) ungehindert und harmonisch fließen kann, werden wir gesund, zufrieden und vor allen Dingen erfolgreich leben. Die logische Folgerung; „Menschen, die die Natur achten, mit der Natur leben und von der Natur lernen, werden auch das Feng Shui verstehen."

Zum Schluss möchte ich ein paar praktische Beispiele beschreiben.

In vielen Wohnungen liegen sich Fenster und Türen gegenüber. Um das Chi abzubremsen, kann man ein Klangspiel, einen Kristall, eine Pflanze oder auch einfache selbstgemachte Fensterbilder am Fenster anbringen. Damit wird verhindert, dass die Energie einfach nur „durchfließt". Auch ein Vorhang bremst die Energie ab und verteilt sie gleichmäßig im Raum.

Im Schlafzimmer sollte kein Spiegel vom Bett aus sichtbar sein, um im Schlaf nicht ständig reflektiert zu werden. Es sollten auch auf den Schränken keine Koffer oder altes Gerümpel gesammelt werden, da man sonst häufig das Gefühl bekommt erdrückt zu werden.

Im Kinderzimmer sollten keine Erbstücke stehen, die mit

alten Energien belastet sind. Es sollte hell und freundlich sein und genug Bewegungsfreiheit bieten. Es ist besser, abends die Spielsachen in Truhen oder Schubfächern zu räumen, da herumliegendes Spielzeug durch ein chaotisches Chi den Schlaf der zarten Seele stören könnte.

In der Küche sollten die Arbeitsflächen nicht zu vollgestellt und die Möbel möglichst ohne Kanten sein. Schränke sind besser als offene Regale, damit das Chi sich nicht fängt und frei zirkulieren kann. Messer sollten nicht offen an der Wand hängen, damit ein schneidendes Chi nicht verletzt.

Im Bad oder der Toilette sollte immer die Türe und vor allem der Toilettendeckel geschlossen sein, damit das Chi nicht entweicht. Wasserhähne sollten nicht tropfen, ebenso sollten keine Abflüsse verstopft sein, damit die Energiebahnen funktionieren.

Wie man an diesen kurzen Beispielen feststellt, kann ein gutes Chi nur fließen, wenn nicht alles zugestellt ist. Je weniger im Raum steht, desto besser wirkt auch der einzelne Gegenstand. Egal ob Küche, Bad, Schlaf- oder Kinderzimmer.
Öfter einmal die Gegenstände kontrollieren, ob wir sie noch benutzen und ob sie für uns noch wichtig sind. Falls jemand Schwierigkeiten hat, regelmäßig zu entrümpeln, sollte er das Buch von Karen Kingston lesen. Es heißt „Feng Shui gegen das Gerümpel des Alltags". Ich kann jedem versichern, dass man sich viel leichter von Gegenstän-

den trennt als man glaubt. Als ich das Buch das erste Mal gelesen hatte, sah ich viele Dinge mit anderen Augen. Daraus lernte ich, dass Entrümpeln der erste und wichtigste Schritt im Feng Shui ist. So beschreibt Karen Kingston in ihrem Buch die neun Sektionen des Baguas (siehe Abbildung).

Abbildung: Das Feng Shui Bagua (vereinfachtes Diagramm)

Wohlstand Vermögen Reichtum	Ruhm Ruf/Reputation Erleuchtung	Beziehungen Liebe Heirat
Vorfahren Familie Gemeinschaft	Gesundheit ● Einheit	Kreativität Nachwuchs Projekte
Wissen Weisheit Weiterentwicklung	Karriere Lebensweg Die Reise	Hilfreiche Freunde Mitgefühl Reise

Blickrichtung/Eingangstüre des Zimmers

Wohlstand, Vermögen, Reichtum, Segnungen des Glücks

Gerümpel in diesen Bereich blockiert den Geldfluss, beeinflusst ihre gesamte finanzielle Lage und macht es ihnen schwer, Reichtum zu erlangen.

Ruhm, Ruf, Erleuchtung

Wenn dieser Bereich vollgestopft wird, kann das ihren guten Ruf verblassen und ihre Beliebtheit dahinschwinden lassen. Enthusiasmus, Leidenschaft und Inspiration werden bei ihnen ebenfalls Mangelware sein.

Beziehungen, Liebe, Heirat

Ein unordentlicher Beziehungsbereich kann Schwierigkeit beim Finden eines Liebespartners bereiten oder in einer bestehenden Beziehung Probleme verursachen. Sie bekommen nicht, was sie brauchen oder wollen.

Vorfahren, Familie, Gemeinschaft

Gerümpel in diesem Feld kann ebenso Probleme mit Vorfahren, Autoritätspersonen und Eltern hervorrufen, wie mit der Familie im Ganzen.

Gesundheit, Einheit

Hier zieht das Gerümpel schädliche Konsequenzen für die Gesundheit nach sich; darüber hinaus wird ihrem Leben ein sinnvoller Mittelpunkt fehlen.

Kreativität, Nachwuchs

Wenn dieser Bereich mit Krempel vollgestopft ist, werden sie vielleicht schon Blockaden bei ihrer Kreativität bemerkt haben, Widerstände, Projekte zu einem erfolgreichen Abschluss zu bringen, und womöglich werden sie auch Schwierigkeiten in Beziehungen mit Kindern oder mit Leuten haben, die für sie arbeiten.

Wissen, Weisheit, Weiterentwicklung

Gerümpel in diesem Bereich schränkt die Lernfähigkeit ein und behindert einen dabei, weise Entscheidungen zu treffen und sich weiter zu entwickeln.

Karriere, Lebensweg, die Reise

Wer hier seinen Unrat hortet, empfindet sein Leben als einziges Schwimmen gegen den Strom. Man hat das Gefühl, sich festgefahren zu haben und nichts tun zu können, was man gerne tun würde – womöglich weiß man nicht einmal wovon man träumt.

Hilfreiche Freunde, Mitgefühl, Reisen

Krempel in diesem Bereich blockiert den Fluss von Unterstützung. Deshalb haben sie auch ständig das Gefühl, es allein schaffen zu müssen. Zudem hemmt es Reise- und Umzugspläne.

Weitere Bücher um sich mit Feng Shui zu beschäftigen, finden Sie im Anhang. Auch dies ist ein Thema, mit dem es sich lohnt zu beschäftigen.

Kontaktadressen finden Sie unter anderem im Internet unter www.lichtstrahl-magazin.de oder im Lichtstrahl-Magazin.

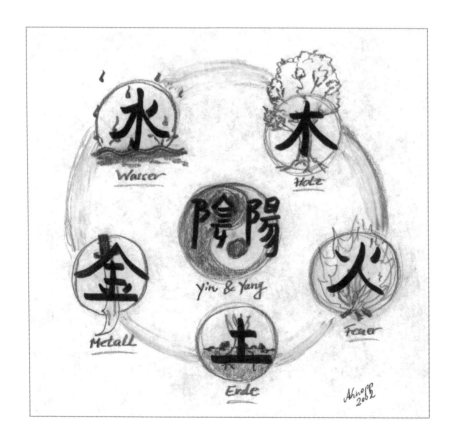

水
Wasser

木
Holz

陰陽
Yin & Yang

金
Metall

土
Erde

火
Feuer

Ahnolf
2002

10. Kapitel

Nahrung ist nicht Nahrung, wenn sie keine Kraft hat...
Nahrung dem Namen nach, aber nicht der Leistung nach.

(Hippokrates)

Sunrider

Durch die Firma Sunrider lernte ich die chinesische Philosophie „Vorbeugen statt heilen" erst richtig kennen.

Die Chinesen verwenden den Begriff „Krankheit" nicht, sondern sie sprechen von einer Gleichgewichtsstörung des Energiehaushalts, die regelmäßig, abhängig vom Alter oder dem Wechsel der Jahreszeiten, auftritt. Die alten Chinesen waren es gewohnt, Ärzte in regelmäßigen Abständen aufzusuchen, lange bevor sie irgendwelche Krankheitssymptome verspürten. Außerdem erwarten sie von ihren Ärzten, dass sie dem Ausbruch von Krankheiten vorbeugen.

Dr. Tei Fu Chen (ein führender Naturheilkundler) hat gemeinsam mit seiner Frau Qi Lin Chen (einer westlich ausgebildeten Ärztin) die Sunrider Methode entwickelt.

Diese Methode übernimmt die chinesische Philosophie von Wohlbefinden und Gesundheit durch die Verwendung von Pflanzenrezepturen, die ausschließlich auf der Ernährung und nicht auf medizinischen Grundlagen basiert. Alle Produkte von Sunrider beinhalten die Grundsätze des alten chinesischen Prinzips der Regeneration, Yin und Yang, sowie der 5-Elementetheorie, d. h. der menschliche Körper nutzt die Fähigkeit zur Selbstregulierung und Selbstheilung.

Unser Körper ist dazu geschaffen, perfekt und harmonisch zu funktionieren, vorausgesetzt, seine Strukturen werden richtig genährt. Aus diesem Grund bemühten sich die Chinesen seit Tausenden von Jahren, zu lernen, wie der menschliche Körper im Gleichgewicht und in Harmonie zu halten ist.

Die Kenntnisse von Dr. Chen auf dem Gebiet der Technologie haben es ihm ermöglicht, die Qualität und die Wirkungskraft der verwendeten Inhaltsstoffe – trotz einer sehr großen Produktion – zu erhalten, und Millionen von Verbrauchern auf der ganzen Welt zufriedenzustellen. Aber das ist noch nicht alles: die konstanten Investitionen des Dr. Chen in die landwirtschaftliche Nutzung, in die Umwandlungsprozesse, in Forschung und Entwicklung und schließlich die permanente Qualitätskontrolle haben es ihm gestattet, Pflanzenkonzentrate aus biologischen Kulturen ohne chemische Dünger herzustellen, ohne Konservierungsstoffe und ohne Zusätze jeglicher Art, kurz ein 100 % reines, 100 % natürliches, 100 % biologisches Produkt.

Hier wurde nichts dem Zufall überlassen. Alles beginnt in einem Botanischen Garten auf Taiwan, der Forschungszwecken dient und der richtungsweisend in seiner Art ist. Jeder einzelne von Sunrider verwendete Inhaltsstoff wird analysiert und untersucht, um seine Wachstumsbedingungen und seine optimale Umgebung genauestens zu bestimmen. Dr. Chen kontrolliert die landwirtschaftliche Nutzung, indem er die Erträge im Voraus kauft.

Die Firma Sunrider ist allein für die Erforschung und Entwicklung jeder ihrer Kräuterrezepturen verantwortlich – von der Konzeption bis hin zur Verpackung. Aus diesem Grund ist es anderen unmöglich, die Erzeugnisse zu kopieren.

Die Kulturen sind ganz und gar biologisch und respektieren die Gesetze der chinesischen Überlieferungen. Die Ernten werden auf dem Höhepunkt ihrer Vitalität eingebracht, die Pflanzen nach den speziellen Vorschriften des Dr. Chen verlesen, gewaschen und getrocknet. Die Rezepturen, die aus den persönlichen Forschungen des Dr. Chen hervorgegangen sind, stehen im Einklang mit der chinesischen Philosophie des Tao. Jede dieser Rezepturen beachtet insbesondere das Gleichgewicht zwischen Yin und Yang innerhalb der fünf Elemente – denn gerade dies ist unentbehrlich für ihre Wirksamkeit. Tests und Kontrollen werden zu jedem Zeitpunkt der Umwandlungsprozesse durchgeführt.

Das verwendete Wasser ist, genauso wie die Luft, keimfrei. Auch das Personal unterliegt strengen Vorschriften – es muss die Hygienemaßnahmen, die normalerweise in einem

Operationssaal herrschen, beachten. Dies ermöglicht es, was für die Lebensmittelindustrie sehr außergewöhnlich ist, dass keine Konservierungsmittel oder künstlichen Farbstoffe, keine synthetischen und chemischen Zusätze, kein raffinierter Zucker, kein tierisches Eiweiß oder Fett verwendet werden. Darüber hinaus führt die Firma Sunrider keine Tierversuche durch.

Man benötigt ca. 14 kg getrocknete Pflanzen um 1 kg Pflanzenkonzentrat zu erhalten. Dies geschieht mittels eines komplexen Prozesses der Separation, der Kaltdehydration und der Granulation. Dadurch wird eine Stabilität der Produkte über lange Zeit hinweg gewährleistet und die Wirksamkeit in beachtlichem Ausmaß gesteigert.

Da nur in einem gesunden Körper ein gesunder Geist wohnt, ist es sehr wichtig, das Gleichgewicht oder die Balance zwischen Körper, Geist und Seele zu erhalten. Sunrider bietet uns Nahrungsmittelkräuter zum Reinigen, Nähren und zum Ausbalancieren an.

Reinigen: Calli Tee, eine von den Shaolin-Priestern entwickelte Rezeptur, nährt und kräftigt die Ausscheidungsorgane und unterstützt das natürliche Reinigungssystem unseres Körpers. Außerdem bewirkt er eine bessere Konzentration, regt den natürlichen Stoffwechsel an und entsäuert.

Fortune Delight entgiftet über die Blutebene. Dieses sehr schmackhafte Getränk gibt unter anderem neue Energie, reinigt Niere und Darm, reguliert den Wasserhaushalt und hilft bei Wassereinlagerungen.

Nähren: Mit Nu-Plus und Nu-Puffs wird der Zelle eine optimale Energienahrung angeboten. Sie beruhigen außerdem den Magen, dienen der Erhöhung der Widerstandsfähigkeit und helfen gegen Müdigkeit und Erschöpfung bei sportlicher Betätigung.

Ausbalancieren: Quinary, die Nahrung für Balance und Harmonie, besteht aus einer Kräuterzusammensetzung mit über 50 verschiedenen Inhaltsstoffen, um den nötigen Nährstoffbedarf aller 5 Elemente zu erfüllen.

Des Weiteren gibt es noch speziell für jedes der 5 Elemente eigene Rezepturen. Die Firma Sunrider bietet ergänzende Produkte aus Kräuterkonzentraten an, die als natürliche und sichere Alternativen zu vielen konventionellen Haushalts- und Hygieneprodukte benutzt werden können. Dazu gehören unter anderem die Sun Smile Kräuterzahnpasta, Kräuterdeo, sowie Sunbreeze – ein wohltuendes Öl bzw. Balsam, das bei Kopf-, Hals- und Rückenschmerzen sowie bei Verbrennungen, Sonnenbrand und Insektenstichen Linderung verschafft.

Persönlich kam ich durch das Buch „Wege der Reinigung" von Rüdiger Dahlke zu Sunrider. Das Kapitel „Sunrider" sprach mich sofort durch die einfache Anwendung der Produkte und durch die Logik des traditionellen Systems der TCM (Traditionelle Chinesische Medizin) an. Schon seit langer Zeit sind die Chinesen mit ihrer Lebensphilosophie meine großen Vorbilder. Krankheiten nicht erst ausbrechen zu lassen, sondern vorbeugend etwas zu unternehmen, das war genau das, was ich auch schon immer anwenden wollte.

Da die Lehre der 5 Elemente sehr interessant, aber vielseitig und teilweise für mich auch schwer zu verstehen war, war es oft ein schwer lösbares Rätsel für mich diese zu verstehen. Aber durch Sunrider bekam ich auf einen Schlag einfach zu handhabende Produkte in höchster Qualität und Vielseitigkeit.

Sinnvoll erschien mir vor allem, dass mit diesen Kräutern Körperfunktionen und Organe mit energetisch hochwertigen Qualitätsprodukten gereinigt, genährt und balanciert werden, um so Krankheiten und Krankheitsursachen vorzubeugen. Die logische Folgerung ist, dass nur gesunde Organe ihre Aufgaben hundertprozentig ausführen können.

Die westliche Medizin vertritt jedoch meistens den Standpunkt, die Symptome zu behandeln, aber nicht deren Ursache.

Hat man Bluthochdruck, bekommt man Beta-Blocker, arbeitet die Bauchspeicheldrüse nicht richtig, bekommt man oft ein Leben lang Insulin, ist der Cholesterinspiegel zu hoch, wird ein Medikament eingenommen, um ihn zu senken.

Viele Menschen leben nach diesem Prinzip und hinterfragen nie oder nur selten die „Anordnungen" ihres Arztes, da es leichter ist zu glauben, dass der Arzt die Verantwortung für unsere Gesundheit übernimmt und uns heilt.

Hierzu ist Sunrider ein krasses Gegenstück mit seiner einfachen und logischen Erklärung, dass der menschliche Körper die Fähigkeit zur Selbstregulierung und Selbstheilung besitzt. Es sind die Grundsätze der chinesischen Medizin, das alte Prinzip von Yin und Yang sowie der 5 Elementenlehre, die dies ermöglichen.

Seit vier Jahren habe ich mittlerweile persönliche Erfahrungen mit Sunrider gesammelt. Außerdem konnte ich auch die Wirkung anhand meiner Familie, Freunden und Kunden beobachten und ich kann bestätigen, dass ich voll und ganz von den Produkten und deren Qualität überzeugt bin.

Ich kann jedem nur empfehlen, Eigenverantwortung für sich und seinen Körper zu übernehmen und mehr vorbeugend zu handeln.

„Darauf zu warten, dass eine Krankheit in allen ihren Symptomen zum Ausbruch kommt, um sie dann zu heilen, heißt, die Waffen erst dann zu schmieden, nachdem man den Krieg erklärt hat oder in dem Moment einen Brunnen zu graben, wenn man Durst hat. Darum erstickt der große Therapeut die Krankheit vor ihrem Ausbruch, anstatt er sich bemüht, Symptome zu heilen, die er nicht voraussehen konnte."

(Nei Tsching Sou Wen 2500 Jahre v.Chr.)

11. Kapitel

Man kann einem Menschen nichts lehren.
Man kann ihm nur helfen, es in sich selbst zu entdecken.

(Galileo Galilei)

Farben und Düfte

Um uns in unserer Umgebung und in unserer Haut wohlzufühlen, sind unter anderem Farben ein wichtiges Hilfsmittel. Es ist bewiesen, dass die Farben auf unser Gemüt, unsere Gedanken, auf unser Immunsystem, kurzum auf unseren ganzen Organismus Einfluss nehmen. Deshalb sollten wir der Farbtherapie mehr Beachtung schenken.

Im Unterbewussten greifen viele Menschen z. B. bei Kleidungsstücken zu Farben, deren typische Eigenschaften sie im Moment brauchen. Oft kann man bei Kleinkindern feststellen, dass sie partout nicht anziehen wollen, was die Mutter aussucht. Für die meisten Eltern stellt sich das oft so dar, dass die Kids ihren Kopf durchsetzen wollen und ihre Grenzen ausprobieren. In Wirklichkeit spürt ein intuitives Kind besser als wir kopfgesteuerte Erwachsene, was die Farbe für Auswirkungen auf unser Wohlbefinden hat.

Lassen wir uns bei unserer alltäglichen Kleiderauswahl von unseren Gefühlen leiten und nicht vom Modetrend, würden wir sicherlich öfters zu anderen Farben greifen. Wer von uns hat noch nicht erlebt, dass er sich den ganzen Tag in seiner Haut nicht wohlfühlt, weil die Kleidung nicht passend gewählt war. Auch in diesem Bereich sollen wir auch etwas offener werden und bewusster mit Farben umgehen.

Nehmen wir z. B. die Farbe **Rot**. Jeder von uns weiß, dass der Stier auf die Farbe Rot reagiert. Oder den Satz: „Ich sehe rot.", wenn wir in einer bestimmten aggressiven Stimmung sind.

Rot ist die Farbe der Liebe, des Feuers, der Aggression und der Tatkraft. Natürlich hat auch die Farbe Rot zwei Seiten. Rot ist sehr gut für Menschen, die angeregt werden müssen und die etwas Wärmendes brauchen.

Menschen, die viel Temperament haben, leicht gereizt sind, oder hyperaktive Kinder sollten die Farbe Rot meiden. Auch bei Entzündungen darf sie nicht eingesetzt werden. Dies merkt man, wenn man eine Entzündung mit Rotlicht bestrahlt. Die Schmerzen werden sofort stärker.

Die Farbe **Orange** hat eine große Bedeutung als Signalfarbe. Menschen, die an Gefahrenstellen arbeiten und somit schnell und gut sichtbar sein müssen, tragen Orange, wie z. B. Straßenarbeiter und Rettungssanitäter. Auch an Kleidungsstücken, Fahrrädern und Büchertaschen angebracht, funktioniert sie durch Reflektion als Schutz.

Ansonsten ist Orange eine Farbe, die Freude, Heiterkeit und Gelassenheit vermittelt. Sie hilft sehr gut bei Depressionen und Stress. Auch die Gewänder der buddhistischen Mönche sind orange. Je heller ein Orange ist, umso harmonischer wird die Farbschwingung sein.

Die Farbe **Gelb** ist beispielsweise wärmend, erheiternd, wirkt gegen Unzufriedenheit und Müdigkeit. Sie vermittelt uns Lebensfreude. Jeder von uns weiß, dass wir uns an sonnigen Tagen besser fühlen. Wir bekommen mehr Schwung, Tatkraft und blühen förmlich auf. Kreativität und geistige Arbeit wird durch Gelb gefördert. Die chinesische Kaiserfarbe ist gelb, die Farbe der im Zenit stehenden Sonne.

Die Farbe **Grün** ist für mich persönlich die Wichtigste. Grün steht für Leben, Regeneration und Erneuerung. Keine Farbe kommt in der Natur so oft vor, wie Grün. Diese Farbe wirkt auf jede Zelle von uns beruhigend und harmonisierend.

Wer kennt nicht das Gefühl im Frühjahr, wenn das erste satte Grün unser Herz aufgehen lässt. Nichts ist erholsamer, als an einem sonnigen Frühjahrstag die blühenden Bäume zu sehen, zu riechen und deren neue Energien zu spüren. Man merkt an solchen Tagen förmlich, dass es viele in die Natur zieht.

Grün ist auch die Farbe, die unseren Augen bei Überanstrengung am meisten hilft. Wer viel liest, am Computer arbeitet oder sowieso eine Brille trägt, sollte öfter einmal seinen Blick auf eine grüne Pflanze, ein grünes Bild oder in die grüne Natur richten und dabei seine Augen ausruhen lassen.

Die Farbe **Blau** wirkt beruhigend, kühlend und zusammenziehend. Blau ist das Wasser, aus dem alles Leben entstanden ist. Mit Blau verbinden wir Kühle und Kälte. Blau ist auch der unendliche Himmel. Haben wir eine Entzündung, können wir damit kühlen. Auch hitzige Gemüter werden in einem blau gestrichenen Raum wieder ruhig.

Dies war nur ein kleiner Auszug aus der Farblehre. Natürlich gibt es noch mehr Farben und vor allen Dingen mehr Gründe, um mit Farben zu arbeiten.

Ebenso wie Farben unsere Psyche beeinflussen, wirken auch Düfte auf unsere Seele. Bereits in alten Hochkulturen wurden ätherische Öle benutzt. Im römischen Reich, in Indien, China und auch Ägypten, waren dies wichtige Bestandteile, um das allgemeine Wohlbefinden zu steigern. Die Kreuzritter brachten im Mittelalter die Düfte mit nach Europa. Schon Hildegard von Bingen und Paracelsus erkannten die große Heilkraft, die in Blüten, Blättern, Stengeln und Wurzeln stecken.

Die Anwendung der ätherischen Öle ist sehr einfach. Einige Tropfen in der Duftlampe, Hautcreme oder im Massageöl genügen, um damit ihre positive Wirkung entfalten zu können.

Ätherische Öle können erfrischend, anregend, konzentrationsfördernd, harmonisierend, ausgleichend, sinnlich anregend, kräftigend, zentrierend, stabilisierend und erdend sein.

Erfrischende, anregende und konzentrationsfördernde Öle sind Bergamotte, Blutorange, Clementine, Eukalyptus, Grapefruit, Lemongrass, Zitrone und Pfefferminze.

Harmonisierende, ausgleichende und sinnlich anregende Öle sind Frangipani, Jasmin, Johanniskraut, Kamille, Lavendel, Melisse, Ylang Ylang und Rose.

Kräftigend, zentrierend, stabilisicrend und erdend sind die Öle Elemi, Honigwabe, Moschus, Vanilleextrakt und Weihrauch.

Ich persönlich arbeite gerne mit Mischungen von der Firma Primavera Life. Deshalb kann ich auch nur meine Erfahrung mit diesen Produkten weitergeben. Natürlich gibt es noch viele gleichwertige Öle von anderen Firmen.

Für das Kinderzimmer nehme ich am liebsten Mandarine rot, Vanille, Orange, Sandelholz oder Lavendel. Für das Schlafzimmer eignen sich Rosendüfte, Jasmin, Sandelholz, Ylang Ylang, Vanille und etwas Weihrauch. Für das Büro oder das Auto eignen sich Düfte, die erfrischen und anregen wie z. B. Pfefferminze, Lemongrass, Wacholderbeere, Limette, Zeder und Grapefruit.

Wie im Buch „Heilen mit Düften" von der kleinen Gesundheits-Bibliothek zu lesen steht, verbindet uns der Geruchsinn mit unseren tiefsten Seelenschichten, unbewussten Motivationen und gespeicherten Erinnerungen.

Jeder Mensch verfügt über persönliche Dufterfahrungen, die eine positive oder negative Verarbeitung einzelner Düfte mitbestimmen. Über Düfte treten wir miteinander in Verbindung.

Jeder Mensch sendet seinen persönlichen Duft aus, der mit Krankheiten und seelischen Stimmungen wechselt. Mit Düften können wir negative Stimmungen verändern, festgefahrene Einstellungen und Haltungen lockern, alte Erinnerungen wecken, da Düfte und Stimmungen im Gedächtnis miteinander verbunden werden.

Düfte können uns inspirieren, unsere Konzentrationsfähigkeit steigern und Störungen im vegetativen Nervensystem beheben helfen. Am besten ist es, man läßt sich bei der Ölauswahl von seiner Nase und Intuition leiten.

Meine Aussagen beziehen sich nur auf hundertprozentig naturreine ätherische Öle und nicht auf die synthetischen und halbsynthetischen Essenzen, die teilweise zu günstigen Preisen angeboten werden.

12. Kapitel

Werde ein Segen für alle, die dir begegnen.
Du hast einen Auftrag für alle
Und wäre es nur ein freundlicher Gedanke,
ein Gruß, ein stummes Gebet.

(Eva von Tiele-Winckler)

Engel, LichtWesen und andere Hilfen aus der geistigen Welt

Oftmals werden Gefühle verdrängt oder nur selten ausgelebt. Unter anderem gehören dazu Ängste, Wut, Trauer und Seelenschmerz. Damit Menschen diese Emotionen besser verarbeiten können, möchte ich in diesem Kapitel ein weiteres Hilfsmittel vorstellen – die LichtWesen Essenzen.

Als ich im August 1999 die Esoterik Fachmesse in Baden-Baden besuchte, faszinierte mich auf Anhieb die positive und kraftvolle Ausstrahlung von Frau Dr. Petra Schneider und Herrn Gerhard K. Pieroth. Sie vermittelten mir sofort den Eindruck, dass sie ihre Produkte - die LichtWesen Essenzen - nicht nur verkauften, sondern sie auf intensivste Art und Weise leben.

Beide sind sehr liebenswerte Menschen, die, wie die meisten von uns, durch Höhen und Tiefen in ihrem Leben gehen. Aber seit 1993 nehmen sie die Unterstützung der LichtWesen Essenzen zu Hilfe, um Krisenzeiten - die manchmal einen Auslöser haben, aber öfters auch wie aus dem Nichts kommen - leichter zu bewältigen.

Nach einem langen und informativen Gespräch entschloss ich mich, mit diesen Essenzen zu arbeiten. Mittlerweile sind fast drei Jahre vergangen und ich kann nur bestätigen, was in den nachfolgenden Seiten von Frau Dr. Schneider und Herrn Pieroth geschrieben steht.

Weiterhin möchte ich dazu noch bemerken, dass jeder Mensch seine eigenen Erfahrungen sammeln sollte, und ich mit voller Überzeugung sagen kann, dass für mich und für viele meiner Kunden diese Essenzen zu wichtigen Begleitern in allen Lebenslagen geworden ist.

Das Ziel der LichtWesen Essenzen ist es, den eigenen Wesenskern zu erkennen und erfüllter zu leben. Sie fördern die Harmonie zwischen Körper, Geist und Seele.
Wie ist das möglich? Der menschliche Körper ist mehr als nur Haut, Knochen und Muskeln, mehr als nur Materie. Er ist durchzogen von Energiebahnen – auch Meridiane genannt – und umgeben von feinstofflichen Schichten, der Aura. Die Energiebahnen sind ähnlich den Blutbahnen: sie

versorgen den gesamten Körper mit Lebensenergie. Die Auraschichten beeinflussen Gefühle, Gedanken und Intuition.

Störungen im Strom der Lebensenergie verursachen auch Störungen im Leben. Das kann sich zum Beispiel als Unwohlsein, Unausgeglichenheit und Unzufriedenheit äußern, verbunden mit dem Gefühl, nichts ändern zu können. Wird der Energiefluss wieder ins Gleichgewicht gebracht, fühlen wir uns kraftvoll, energiereicher und zuversichtlich. Sie kennen dies vielleicht von Meditationen und energetischen Übungen wie Yoga.

Die feinstofflichen Kräfte der LichtWesen Essenzen harmonisieren und aktivieren den Strom der Lebensenergie. Sie wirken wie Balsam und fördern den Einklang von Körper, Geist und Seele. Dadurch öffnet sich auch der Schatz ungenutzter Fähigkeiten. Wie von selbst findet der Mensch seine Mitte und stabilisiert sein Gleichgewicht. Dadurch steigert sich auch das innere Wohlbefinden.

Nachfolgend die drei Gruppen der LichtWesen Essenzen:

Die Meisteressenzen setzen um.

Sie enthalten die Energie der aufgestiegenen Meister, die aus unterschiedlichen Kulturen bekannt sind. Die aufgestiegenen Meister kennen das irdische Leben aus eigener Erfahrung. Deshalb können uns die Essenzen bei der praktischen Umsetzung unserer Ziele und Fähigkeiten im Auftrag helfen.

Sie helfen, unser wahres Sein im Alltag zu leben. Da die aufgestiegenen Meister selbst auf der Erde gelebt haben, kennen sie, im Unterschied zu den Engeln, die Schwierigkeiten, die Stolperfallen und Verstrickungen, in denen wir immer wieder hängen bleiben und die es schwer machen, im Alltag in unserer Mitte und Gelassenheit zu bleiben.

Die Erzengelessenzen helfen zu erkennen.

Sie wirken durch die Kraft der Erzengel und erinnern uns an den göttlichen Funken in uns. Liebevoll erhöhen sie die Schwingungen unseres Energiesystems. Dadurch lösen sich belastende und emotionale Verstrickungen. Sie helfen, unser wahres Sein im Alltag zu leben. Sie erinnern an unser göttliches Sein, den unsterblichen vollkommenen Anteil und lösen die Schleier, die es verdunkeln.

Die Integrationsessenzen integrieren.

Sie stabilisieren die Verbindung zwischen feinstofflichem Energiesystem und physischem Körper, integrieren bisher nicht oder wenig gelebte Fähigkeiten, lösen Blockaden im Körper und stärken die Verbindung zur Natur und zur irdischen Energie. Die Kraft der Integrationsessenzen stammt von den Erdengeln, die für die materielle Schöpfung zuständig sind.

Die LichtWesen Essenzen geben reinigende und klärende Impulse in das Energiesystem – den nichtmateriellen Bereich des Körpers. Genauso wie ein Stein, der ins Wasser geworfen wird, einen Impuls gibt, der sich als Wellen fortsetzt, so geben die LichtWesen Essenzen Impulse in die feinstofflichen Energiekörper – die Energiebahnen und die Aura. Durch diese Impulse kann sich der Energiekörper von Blockaden und Disharmonien reinigen und der Strom der Lebensenergie besser fließen. Ebenso stärken sie die Verbindung zu Intuition und höherem Bewusstsein.

Die Energieimpulse in den LichtWesen Essenzen stammen nicht wie bei Homöopathie oder Blütenessenzen von Pflanzen, Tieren oder Mineralien, sondern direkt aus der lichtvollen geistigen Ebene der Engel und aufgestiegenen Meister.
Die Energieimpulse werden durch ein neues Verfahren an die Trägersubstanzen gebunden. Die Essenzen wirken, auch wenn wir zweifeln – genauso wie ein Handy funktioniert, auch wenn wir es technisch nicht verstehen.

Die harmonisierende Wirkung der LichtWesen Essenzen wurde durch Kirlian-Messungen, Auraphotos, Video-Motion-Kameras, Kinesiologie, Elektroakupunktur nach Voll und EEG (Gehirnwellen)messungen überprüft und bestätigt.

Die individuelle Reaktion auf die Essenzen kann sehr unterschiedlich sein. Manche Menschen spüren unmittelbar eine Wirkung wie beispielsweise Energiefluss, Klarheit oder Stimmungsveränderung. Andere erleben scheinbar nichts, stellen jedoch nach einigen Wochen oder Monaten fest, dass sie kraftvoller, ausgeglichener und selbstsicherer geworden sind und alte Verhaltensweisen, die sie schon lange ändern wollten, unbemerkt verändert haben – sie sind mehr sie selbst geworden. Häufig fällt den Mitmenschen die positive Veränderung eher auf als den Anwendern selbst. "Die Essenzen haben schon sehr viel in meinem Leben bewirkt, sie sind einfach wundervoll" hören wir oft.

Die Essenzen dienen unter anderem auch

- zur energetischen Reinigung und zum Energetisieren von Räumen,
- als Badezusatz (einige Tropfen ins Badewasser),
- als Zusatz zur Körperlotion und Gesichtswasser,
- als ausgeglichene Energie im Raum, indem man einige Tropfen Elemente-Balance z. B in den Zimmerbrunnen gibt,
- als Parfüm, indem man die Duftsprays dafür verwendet.

Weitere Informationen zu diesem Thema finden sie im Internet unter der Homepage www.lichtwesen.com und den im Anhang aufgeführten Büchern von Frau Dr. Schneider und Herrn Pieroth.

Nachwort

Wir haben gelernt, wie Vögel zu fliegen,
wie die Fische zu schwimmen.
Doch wir haben die einfache Kunst verlernt,
wie Brüder zu leben.

(Martin Luther King)

An dieser Stelle möchte ich mich bei allen Lesern für den Kauf meines Buches bedanken. Vielleicht gelang es mir auf diesem Wege den einen oder anderen zum Nachdenken anzuregen.

Die im Buch beschriebenen Wege sind nur ein kleiner Teil der Möglichkeiten, die man anwenden kann, um sich das Leben zu erleichtern.

Ich persönlich finde, dass im Moment viel zu wenig über das Positive gesprochen oder geschrieben wird. Alles um uns herum wird als beängstigend, grauenhaft oder katastrophal bezeichnet. Dadurch lassen sich die meisten von uns schnell in eine überwiegend unbewusste Angsthaltung drängen.

Für mich ist die Welt immer noch sehr schön, und ich freue mich auf jeden neuen Tag. Ich bin froh, im Moment auf dieser Erde zu leben und versuche täglich, das „Neue Wissen" mit dem „Alten Wissen" zu verbinden.
Jedes Jahrhundert hatte seine Vor- und Nachteile und so

wird es auch immer sein.

Da jeder Mensch selbst seines „Glückes Schmied" ist, wird er seine Welt im Außen immer so erleben wie er sie jeden Tag im Inneren sieht.

Der Titel des Buches entstand, als ich immer öfters von Freunden und Kunden hörte: „Das schaffe ich nicht!", wenn es galt eine Krankheit zu überwinden, ein klärendes Gespräch zu führen, eine Prüfung zu bestehen oder eine Partnerschaft aufzulösen. Stetig kam der Satz: „Das schaffe ich nicht!"

Irgendwie kommt es mir vor, als ob gerade dieser Satz wie ein roter Faden durch das Leben vieler Menschen zieht. Erst hört man in der Kindheit, „Lass das, du bist zu klein, das schaffst du noch nicht". Dann geht es weiter in der Schule, im Beruf und in der Ehe. Ist man überzeugt, dass man etwas schaffen kann, kommt von irgendwo die Stimme: „Lass es, das schaffst du doch nicht!" Immer war etwas zu heiß, zu scharf, zu schwer, zu groß usw. Jedesmal wenn ich so etwas hörte, sagte ich zu mir:" Und ich schaffe es doch!" Und so war es auch. Mein Lebensmotto war von Kindesbeinen an: „Ich schaffe es!!!" Und so wird es auch immer bleiben.

Manche Menschen verwechseln Selbstbewusstsein mit Hochmut oder Angeberei. Natürlich müssen wir immer aufpassen, dass es nicht nur um unser Ego geht, wenn wir unsere Ziele setzen und verfolgen.

Ich wünsche uns allen, dass der Satz:

„Ich schaffe es!!!"

immer mehr zu unserem Lebensmotto wird.

Buchempfehlungen

Buchtitel	Autor
Wasser - die gesunde Lösung	*F. Batmanghelidj*
Karriere mit Feng-Shui	*K. Berger*
Feng-Shui	*K. Berger*
Heile die Wunden Deiner Seele	*L. Bourbeau*
Dein Körper sagt: „Liebe Dich!"	*L. Bourbeau*
Höre auf Deinen besten Freund auf Deinen Körper	*L. Bourbeau*
Wege der Reinigung	*R. Dahlke*
Krankheit als Sprache der Seele	*R. Dahlke*
EK für Kinder	*P. und G. Dennison*
Krankheit als Weg	*Dethlefsen & Dahlke*
Auf sanften Schwingen zur Gesundheit	*C. Deutsch*
Dem Glück auf der Spur	*P. Ferrini*
Leben in Hingabe	*P. Ferrini*
Zusammen Wachsen	*P. Ferrini*
Der alte Mann und das Geheimnis der Rose	*M. Fisher*
Feng-Shui Glücksbringer	*B. Gärtner*
Die Heilsteine Hausapotheke	*M. Gienger*
Das Indigo-Phänomen - Kinder einer neuen Zeit	*C. Hehenkamp*
Vorbeugen & Heilen mit Farbtherapie	*B. Jacoby & I. Fröhlich*
Heilige Orte erschaffen mit Feng-Shui	*K. Kingston*
Feng-Shui gegen den Gerümpel des Alltags	*K. Kingston*
Löwen gähnen niemals leise	*L. Mayer-Skumanz, I. & A. Heringer*
Mit dem Tiger um die Wette	*L. Mayer-Skumanz, I. & A. Heringer*
Tu, was Dir am Herzen liegt	*A. Matthews*
So geht's Dir gut	*A. Matthews*
Bestellung beim Universum	*B. Mohr*
Der kosmische Bestellservice	*B. Mohr*

Buchtitel	Autor
Reklamation beim Universum	*B. Mohr*
Das kleine Buch vom glücklichen Leben	*G. Ritter*
Die Original Bach-Blüten-Therapie	*M. Scheffer*
Hilfe aus der geistigen Welt	*P. Schneider & G. Pieroth*
Engel begleiten uns	*P. Schneider & G. Pieroth*
Lichtwesen	*P. Schneider & G. Pieroth*
Lexikon der Heilsteine	*G. Schreiber*
Hilf Dir selbst sonst hilft Dir keiner	*K. Tepperwein*
Feng-Shui Atlas	*W. Waldmann & D. Gilberto Chong Lee*
Das Bachblüten Behandlungsbuch	*B. Zenker*
Das große Lexikon der Heilsteine, Düfte & Kräuter	

www.lichtstrahl-magazin.de

Lichtstrahl

Informationen,
Veranstaltungen & Termine
für Gesundheit und Bewusstsein.

erscheint
vierteljährlich

KOSTENLOS

Aktuell im
Internet!

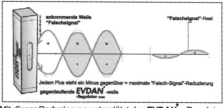
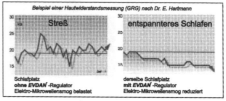

Gabriele Gaven

Meine Himmelfahrt

ISBN: 3-930403-99-4
kartoniert,192 Seiten
€ 12,75 / SFr 24.90

Leseprobe unter:
www.siva-natara-verlag.de

Gabriele Gaven

Licht des deutschen Volkes

ISBN: 3-930403-13-7
kartoniert, 400 Seiten
€ 19,95 / SFr 36.-

Leseprobe unter:
www.siva-natara-verlag.de

Gutes Trinkwasser

für gesundheits- und ernährungsbewusste Menschen:

- keine Folgekosten
- keine Wartung
- ohne Strom
- Störfelder unempfindlich

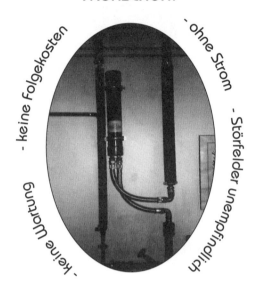

fördert die Entgiftung

unterstützt eine gesunde Ernährung

als gutes mit sauerstoffangereichertes Trinkwasser

aus dem Wasserhahn

Unverbindliche Info´s über den GIE-Wasseraktivator erhalten Sie unter
Tel.: 09 31/66 12 49
E-Mail: kontakt@belebtes-wasser.de   www.belebtes-wasser.de